EXPERIMENTOS
TEORIA SOCIAL *NA* LITERATURA
DE JOSÉ DE ALENCAR E MACHADO DE ASSIS

Editora Appris Ltda.
1.ª Edição - Copyright© 2023 dos autores
Direitos de Edição Reservados à Editora Appris Ltda.

Nenhuma parte desta obra poderá ser utilizada indevidamente, sem estar de acordo com a Lei nº 9.610/98. Se incorreções forem encontradas, serão de exclusiva responsabilidade de seus organizadores. Foi realizado o Depósito Legal na Fundação Biblioteca Nacional, de acordo com as Leis nºs 10.994, de 14/12/2004, e 12.192, de 14/01/2010.

Catalogação na Fonte
Elaborado por: Josefina A. S. Guedes
Bibliotecária CRB 9/870

S116e	Sabino, César
2023	Experimentos : teoria social na literatura de José de Alencar e Machado de Assis / César Sabino. – 1. ed. – Curitiba : Appris, 2023.
	169 p. ; 23 cm.
	Inclui referências.
	ISBN: 978-65-250-5068-3
	1. Desenvolvimento social na literatura. 2. Mudança social. 3. Assis, Machado de, 1839-1908. 4. Alencar, José de, 1829-1877. I. Título.
	CDD – B869.3

Appris editora

Editora e Livraria Appris Ltda.
Av. Manoel Ribas, 2265 – Mercês
Curitiba/PR – CEP: 80810-002
Tel. (41) 3156 - 4731
www.editoraappris.com.br

Printed in Brazil
Impresso no Brasil

César Sabino

EXPERIMENTOS
TEORIA SOCIAL *NA* LITERATURA DE JOSÉ DE ALENCAR E MACHADO DE ASSIS

FICHA TÉCNICA

EDITORIAL
Augusto V. de A. Coelho
Sara C. de Andrade Coelho

COMITÊ EDITORIAL
Andréa Barbosa Gouveia (UFPR)
Jacques de Lima Ferreira (UP)
Marilda Aparecida Behrens (PUCPR)
Ana El Achkar (UNIVERSO/RJ)
Conrado Moreira Mendes (PUC-MG)
Eliete Correia dos Santos (UEPB)
Fabiano Santos (UERJ/IESP)
Francinete Fernandes de Sousa (UEPB)
Francisco Carlos Duarte (PUCPR)
Francisco de Assis (Fiam-Faam, SP, Brasil)
Juliana Reichert Assunção Tonelli (UEL)
Maria Aparecida Barbosa (USP)
Maria Helena Zamora (PUC-Rio)
Maria Margarida de Andrade (Umack)
Roque Ismael da Costa Güllich (UFFS)
Toni Reis (UFPR)
Valdomiro de Oliveira (UFPR)
Valério Brusamolin (IFPR)

SUPERVISOR DA PRODUÇÃO
Renata Cristina Lopes Miccelli

ASSESSORIA EDITORIAL
Andrea Cristine Coimbra da Silva

REVISÃO
César Sabino

PRODUÇÃO EDITORIAL
Angela Cristina Ramos

DIAGRAMAÇÃO E CAPA
Danielle Paulino

COMUNICAÇÃO
Carlos Eduardo Pereira
Karla Pipolo Olegário
Kananda Maria Costa Ferreira
Cristiane Santos Gomes

LANÇAMENTOS E EVENTOS
Sara B. Santos Ribeiro Alves

LIVRARIAS
Estevão Misael
Mateus Mariano Bandeira

GERÊNCIA DE FINANÇAS
Selma Maria Fernandes do Valle

Para Madel Therezinha Luz.

AGRADECIMENTOS

Agradeço aos primeiros mestres de abstrações com os quais tive contato ainda na graduação no Instituto de Filosofia e Ciências Humanas da Universidade do Estado do Rio de Janeiro – IFCH/UERJ: os professores Noéli Correia de Melo Sobrinho, James Bastos Areas (*in memoriam*) e Edna Maria dos Santos os quais me apresentaram os pensamentos de Nietzsche, Deleuze e Guattari. Agradeço aos meus amigos e irmãos também encontrados no mesmo Instituto: Washington Dener dos Santos Cunha e Marcelo Peloggio os quais marcam minha trajetória com presença constante, auxílios imprescindíveis e exemplos de solidariedade, competência e dedicação profissional. Aos intelectuais práticos e contracadêmicos amigos de longa data: Douglas Rocha e Anderson Fraga. Aos companheiros Anselmo Arcanjo, Rafael Mattos e Jorge Barreto, sábios e pacientes mineradores de alegrias. Para Stella Ventura pela atenção, cuidado e carinho. Ao renomado corpo docente da Escola de Ciência Política e seu Programa de Pós-Graduação (PPGCP) da Universidade Federal do Estado do Rio de Janeiro – UNIRIO, pela parceria, auxílio e perseverança diante de todos os problemas que a universidade pública vem enfrentando no Brasil. Por fim, porém não menos importante, agradeço a todos os discentes e ex-discentes que frequentaram minhas aulas e que são o objetivo principal de todo os esforços realizados por um professor, especialmente os agora amigos Márcia Santos, Thiago Vidal Ricardo, Matheus Franco e Vitória Peres - exemplos de luta, esperança e resistência.

*Não sei se é verdade a história; o que importa agora
é o fato de ter sido contada e de terem acreditado nela.*

Jorge Luis Borges

São os sentimentos humanos que se transformam em ação.

Marcel Mauss

*Existe algo mais passional do que a razão pura? Existe uma paixão mais fria
e mais extrema, mais interessada do que o Cogito?*

Deleuze & Guattari

APRESENTAÇÃO: MITOLOGIA ACADÊMICA

Servir-se de tal frase, tal ideia, tal análise como de uma chave de fenda, ou uma chave-inglesa, para produzir um curto-circuito, desqualificar, quebrar os sistemas de poder. Michel Foucault

Contos, romances, memórias, crônicas, - literatura em geral -, dizem tanto sobre as relações sociais como entrevistas diretas ou abertas, participações observantes, *surveys* e trabalho de campo em sociologia e antropologia. De forma similar aos mitos percebo-os como relatos que a própria sociedade conta sobre ela mesma por intermédio de autores e grupos. Neste aspecto, as singularidades das abordagens literária e sociológica não se opõem, mas se complementam. Assim como são lidas ou experimentadas fontes primarias e secundárias em algumas pesquisas em ciência sociais, procuro aqui fazer o mesmo com os textos literários, - um conto de Machado de Assis, dois romances e um ensaio da autoria de Alencar -, porém, sem correlação com os métodos da teoria literária.

Não há novidade em aplicar análises sociológicas a narrativas literárias lendo-as como documentos históricos ou dados etnográficos referidas às estruturas sociais objetivas e subjetivas, relações de poder e dominação, agencia, dinâmica e mudança social[1]. Todavia, para além dessa visada, meu objetivo é tratar da teoria social que existe *na* literatura e não elaborar material etnográfico-literário como elemento de uma dada cultura, sua identidade, tradições e transformações. Busco, antes de tudo, perceber de que maneira a literatura *pensa* a sociedade produzindo pontos de intersecção com a teoria social, sociologia e as ciências sociais.

Como sublinhei, parto do pressuposto que a literatura – como toda arte - *pensa* a sociedade elaborando perspectivas referidas aos principais conceitos e problemas presentes na teoria social via *perceptos* e *afectos*, estes, por sua vez, produzem intersecções com as buscas por funções (*functivos*) que as análises sociológicas realizam, como escreveram Deleuze

---

[1] - Por dinâmica entendo os movimentos adaptativos do sistema social visando manter sua ordem, instituições e organizações diante de conflitos e ameaças internas e externas (GLUCKMAN, 2011, p.p. 13-34). Por transformações concebo as mudanças profundas, estruturais, no sistema, fazendo-o outro (LEACH, 2014, p.p. 68-69). Possivelmente dinâmicas sobrepostas ou intensas podem vir a provocar transformações estruturais nas sociedades.

e Guattari (1992)[2]. Assim, não procuro apenas *interpretar* os pensamentos dos autores, - como faz a tradição em geral -, mas realizar experimentos com eles e a partir deles (VIVEIROS DE CASTRO, 2015, p. 218). Se esses são válidos, se prestam ou não, deixo o veredicto para quem tiver paciência para lê-los. Lembro o exemplo fornecido por Deleuze no primeiro capítulo do livro *Conversações*. Ali o autor sugere a existência de duas formas de ler uma obra, seja ela qual for, a primeira como uma espécie de caixa que se busca abrir para descobrir algo dentro, uma verdade, uma certeza. Assim o leitor ou estudioso busca compreender, interpretar, desvendar, chegar ao âmago daquela construção simbólica; abre-se o livro para apreender e explicar o que supostamente há *dentro dele*, seu significado primordial.

A segunda maneira de se ler uma obra ou livro, refere-se à leitura em intensidade ou relacionada diretamente a um *fora*: nessa abordagem não há busca por significado nenhum, não se procura descobrir nada, compreender, explicar ou interpretar, mas, o que se busca é *experimentar* ("algo passa ou não passa") como aquela ferramenta serve, ou não, para o pensamento, e assim, para a vida, de que forma ela funciona enquanto "pequena máquina a-significante" (DELEUZE, 2013, p. 16), auxiliando ou não a produzir novas possibilidades de resistência e fuga em relação às forças que diminuem as potências de viver. Enfim, melhor resumindo: não se trata de compreender os textos literários nem de interpretá-los e procurar o que significam, mas de descobrir como funcionam, o que podem fazer, assim como se descobre o funcionamento de uma máquina (SCHOLLAMER, 2001. p.p. 60-61).

Coloco-me, portanto, em contraposição ao *mainstream* da teoria social hodierna, não raro, obcecada pelo racionalismo iluminista, pelo evolucionarismo, pelas causas últimas das coisas, pela Verdade e por uma suposta

---

[2] - A renitência da teoria social em absorver a obra de Deleuze e Guattari ainda é grande, possivelmente em parte devido a um negado e renegado apego à metafísica e a concepção mecanicista de sociedade, e, também devido ao anelo pelo Iluminismo e racionalismo, e, por conseguinte, pelo eurocentrismo epistemológico que o cardinalato acadêmico busca lustrar como parte de sua profissão. Fora este aspecto há a dificuldade perene destes teóricos lerem antropologia e absorverem conceitos fundamentais; conceitos os quais questionam justamente o racionalismo ocidental. Aqui sou obrigado a repetir Viveiros de Castro (2007, p. 93 e 96): "Afinal, o díptico capitalismo e esquizofrenia apoia muitos de seus argumentos em uma vasta bibliografia sobre povos não-ocidentais, dos Guayaki aos Kachin e dos Nuer aos mongóis, desenvolvendo a partir dela teses ricas em implicações antropológicas [também sociológicas] — ricas demais, talvez, para certas constituições teóricas mais delicadas." Outro aspecto que piora essa condição refere-se a postura preguiçosa de alguns sociólogos e teóricos que percebem, ao menos de forma velada, a antropologia como "um ramo menor, exótico e inofensivo, da sociologia"; enquanto antropólogos de peso e mundialmente renomados veem a sociologia, a teoria social e principalmente a ciência política, "como constituindo (via de regra...) uma modalidade particularmente confusa, e político-epistemologicamente duvidosa, de 'auto-antropologia'". Isso não deixa, na maioria das vezes, de ser uma realidade acadêmica.

moral substantiva portadora da emancipação humana ligada a formações institucionais europeias tidas como paradigmas para outras sociedades e culturas "periféricas". A maioria dos autores de teoria social direta ou indiretamente defende alguns desses aspectos – ou todos. Como antídoto a essa sombra setecentista fico ao lado da vida e não de uma suposta *Razão* manifesta no ator comunicativo buscando reconhecimento e "emancipando a humanidade". De minha perspectiva, narrativas como essas não passam de elogios à paixão dominadora com suas específicas manifestações de interesses e relações de poder.

Destarte, não existe separação entre esferas sociais nas quais as relações de poder e desejo estariam apartadas da racionalidade e solidariedade. Não há separação – a não ser teórica – entre desejo, razão e sociedade, entre lógico e desejante (LAPOUJADE, 2017, p.p. 147-180). Racional (calculado) e irracional (não calculado) são elementos complementares que fazem parte de um processo conjunto:

> todas as sociedades são ao mesmo tempo racionais e irracionais. São forçosamente racionais pelos seus mecanismos, rodas, sistemas de ligação, e mesmo pelo lugar que reservam ao irracional. Porém, tudo isso pressupõe códigos ou axiomas que não são produtos do acaso, mas que também não possuem uma racionalidade intrínseca [...] *a razão é sempre uma região talhada no irracional*, e definida apenas por um certo tipo de relações entre fatores irracionais. No fundo de toda razão, o delírio, a deriva. Tudo é irracional no capitalismo, exceto o capital [...]. Um mecanismo da bolsa é perfeitamente racional, podemos compreendê-lo, aprendê-lo, os capitalistas sabem servir-se dele, e, no entanto, é completamente delirante, é demente. É neste sentido que [...] *o racional é sempre a racionalidade de um irracional* [...] Então, que é racional em uma sociedade? É – estando os interesses definidos no quadro desta sociedade – a maneira como as pessoas os perseguem, perseguem sua realização. Mas, por baixo há desejos, investimentos de desejos que não se confundem com investimentos de interesse, e dos quais os interesses dependem na sua determinação e mesmo na sua distribuição: todo um enorme fluxo, todas as espécies de *fluxos libidinais-inconscientes* que constituem o delírio desta sociedade. A verdadeira história é a história do desejo. (DELEUZE, 2008, p.p. 332-332. Grifos meus)

***

Roberto Da Matta realizou, há tempos, com indiscutível talento e proficuidade, esse tipo de análise em trabalhos sobre Guimarães Rosa, Câmara Cascudo, Edgar Alan Poe e Jorge Amado (DA MATTA, 1973; 1979; 1993, p.p. 35-58), dentre outros, articulando com sua peculiar maestria teoria antropológica e sociológica e esclarecendo importantes aspectos da cultura e sociedade brasileiras com o auxílio dessas literaturas. Tentei modestamente modular o método buscando nos dois autores aqui abordados aspectos ligados também à teoria social e não apenas aqueles relacionados às teorias antropológicas e sociológicas.

Neste trabalho a maior influência vem das obras de Gilles Deleuze e Félix Guattari e o método de articular textos filosóficos e literários, além do pensamento de Jacques Derrida e aquele que Viveiros de Castro denominou *perspectivismo ameríndio*. Autores que jamais buscaram uma verdade primordial escondida nos textos ou um fundamento último da narrativa, essência ou *arché*, mas, recriaram, torceram e retorceram escritos, usando-os, ora como ferramentas, ora como parceiros ou aliados de produção dos pensamentos sobre a *vida*. Como ressalto acima, isto foi o que tentei fazer aqui: *usar* e *experimentar* textos, não segui-los ou buscar certezas como alguém procurando verdades salvadoras ou soluções racionalistas para problemas sociais. Em harmonia com essa colocação, vejo a narrativa literária como um dos possíveis diagnósticos de uma época, povo e cultura. Diagnóstico capaz de detectar relações sociais que proporcionam o aumento ou a diminuição da potência das forças vitais, e, portanto da capacidade de articular as intensidades da ação e elaborar resistências contínuas. (DELEUZE, 2002; RICARDO, 2022). Da minha perspectiva, tanto os textos artísticos como os textos sociológicos podem contribuir para a mobilização de indivíduos e grupos por produzirem afetos e reflexões naqueles que por eles são tocados (SCHÖPKE, 2009; GUYAU, 2009).

Pensar uma sociologia crítica ou revolucionária é necessariamente pensar a força mobilizadora da narrativa artística de um *paradigma criativo*. Força que embora não implique necessariamente a mudança, - (podendo, com frequência, ser utilizada para expandir lucros e manter o *status quo*, como no caso da propaganda e publicidade) -, pode ser aplicada a transformação da realidade. Conforme escreve Schöpke (2009, p. 20):

a arte [pode surgir] como remédio, mas não para expiar as dores ou fechar as feridas abertas, não como consolo para a existência [...] mas como um tônico que estimula, faz crescer, que possibilita a vida apesar e a despeito de toda a dimensão tenebrosa e sombria do ser [...] No fundo, o que faz a arte: transmuta, transfigura, recria o homem e o mundo [...] ela é ativa [...] ajuda a produzir o real, está na base de todas as transformações.

Em harmonia com o texto da autora o que chama atenção em relação ao pensamento crítico é o desprezo da teoria social pelo *modus operandi* da arte quando se trata de pensar a sua força agenciadora, e, por conseguinte, suas possibilidades de afetar indivíduos e grupos, além de seus pontos de interseção com a ciência. Parece que alguns teóricos despendem grande parte de seu tempo de pesquisa buscando uma razão substantiva por trás das escolhas dos agentes, desprezando a força móbil ou a *racionalidade* dos afetos, desejos e emoções[3]. Essas abordagens, com frequência, supõem que basta a "conscientização" popular e individual promovida pelo esclarecimento, - o conhecimento da lógica referida aos mecanismos de funcionamento das relações sociais e os males que causam -, para que "a massa conscientizada" transforme seu comportamento e sua realidade circundante. A teoria social desta forma parece se recusar a perceber a interferência dos afetos, emoções e desejos sobre a ação social e a mudança (ou manutenção) da realidade, e, também parecem olvidar o fato de que ao agente não basta *saber* como funcionam os mecanismos sociais para realmente desejar modificá-los[4].

Esta percepção de mudança de consciência relacionada diretamente a mudança de ação advém do paradigma cartesiano que separa mente e corpo, sendo a mente a sede de toda reflexividade, da racionalidade e consciência a guiar os mecanismos corpóreos (LUZ, 2019). A mente (*res cogitans*) surge como centro racional-decisório e o corpo, por sua vez, enquanto máquina ou coisa (*res extensa*) administrada e corrigida a partir desse centro. Mais ou menos

---

[3] - Neste ponto seria também importante investigar – colocar em analogia - de modo mais aprofundado o conceito de *ab-reação* da psicanálise ao destacar a catarse promovida pelos sentimentos e afetos revividos do trauma sofrido possibilitando o analisando ressignificar sua dor e mudar seu comportamento. Não basta saber o que causou o trauma é preciso reviver esse processo relacionado aos afetos para que se consiga superá-lo e transformar a vida.

[4] - O problema sociológico da consciência, *tomada de consciência* ou conscientização, e, por conseguinte, dos afetos como elementos mobilizadores da ação surgiu na minha primeira pesquisa a respeito do uso contínuo de esteroides anabolizantes por frequentadores de academias de ginástica e musculação no Rio de Janeiro (SABINO, 2020). Por intermédio de um trabalho de campo prolongado percebi que fisiculturistas e, também, alguns praticantes de musculação, sabem claramente, (alguns inclusive com vasto conhecimento bioquímico), sobre os danos e perigos à vida que o uso de tais substâncias provocam, e, que a consciência disso não os faz modificar sua conduta de consumidores ou usuários como supõem as teorias e as políticas públicas de conscientização populacional.

quatrocentos anos de história mostram que não é bem assim que funciona a realidade social. Se tomarmos como ponto de partida a concepção espinosana da *correspondência* entre mente e corpo veremos que a visão mecanicista de Descartes não se sustenta pelo simples fato de que as ideias não são a causa dos movimentos corporais e nem o corpo a causa das ideias (mente ativa racional e corpo passivo irracional), porém, mente e corpo exprimem ao seu próprio modo o *mesmo* acontecimento, sendo dois modos de uma *mesma* substância. Por isso, não basta à mente elaborar ou adquirir uma ideia para automaticamente modificar o corpo, pois como *não* estão separados, essa causalidade mecânica não procede.

De forma similar, não basta conscientizar pessoas de suas condições de opressão para que mudem, ou sintam desejo efetivo de mudar, ou mesmo transformar sua existência, seus comportamentos, modificando, assim, as estruturas sociais. Embora mente e corpo sejam uma única instância, ideias e conceitos não atuam necessariamente de imediato sobre a mobilização do corpo, e, isso, pelo simples motivo de que o intelecto não se constitui como esfera da razão pura separada e incidente sobre relações de afecção. As próprias ideias estão enraizadas em desejos e afetos e para que elas mobilizem a ação precisam ter intensidade, precisam despertar sentimentos. O pensamento (razão) e o afeto, o psíquico e o físico, o intelectual e o afetivo são inseparáveis. Por conseguinte o desejo produz, não exclusivamente ilusões ou fantasmas apenas, mas realidade (ESPINOSA, 1979; DELEUZE; GUATTARI, 2010). Assim sendo reflexividade vem a ser um misto de razões e afetos em uma dinâmica perene, o que implica uma *ética da diferença* e uma *política da resistência constante*, posto que tudo e o todo são fluxos, e, por conseguinte, provisórios. O desejo torna-se dessa perspectiva uma força real de criação produtor de linhas de fuga de novas formas de se relacionar com o mundo, processo micropolítico demandando transfiguração de valores e práticas em revoluções moleculares. Neste aspecto, mesmo uma obra pode também exercer *agencia* mobilizando afetos, sensações, permitindo racionalidades diversas, as quais, por menores que sejam, podem sugerir ou possibilitar novas formas de criatividade na e da vida, e, portanto, a transformação de comportamentos.

***

Dentre os dois autores aqui estudados, a escolha de José de Alencar torna-se um desafio para este tipo de análise. De todos os escritores brasileiros, ele é, em geral, abordado de forma mais negativa em todos os níveis.

Mal lido, ou lido de má vontade, pouco compreendido, e, não raro, famoso pelo desprezo preconceituoso que provoca em parte da crítica literária. Criou-se uma taxonomia acadêmica ou *senso comum douto* das Letras, uma espécie de José de Alencar mitológico projetado como elemento negativo simetricamente invertido (LÉVI-STRAUSS, 1993, p. 201; BOURDIEU, 2020, p.p. 31-46) ao papel de Machado de Assis – visto, com toda razão, na narrativa acadêmica como o grande herói da literatura brasileira. Alencar, de forma antagônica, aparece como o vilão representando escrita modorrenta, conservadora e mesmo retrógrada. Assim, o autor cearense é transformado em figura obrigatória de quase tudo que é ingênuo, superficial e aborrecido no imaginário professoral, e, por conseguinte, discente. Isso ocorre a ponto de haver uma chave de leitura que enxerga tão-somente um literato no qual não se deveria representar ou mesmo pensar ética e politicamente em tempos contemporâneos. Essa contraposição entre as obras de Alencar e Machado termina sendo complementar formando uma espécie de metanarrativa que não retira a grandiosidade e a importância do primeiro, mesmo que negativa, mesmo enquanto elemento simetricamente invertido nessa função mítica das tribos acadêmico-literárias. Até onde posso ver quem toma o autor de Iracema como apenas o negativo machadiano não se debruça com devida atenção sobre o *pensamento* presente em sua vasta e complexa obra. A extensão de suas narrativas críticas vai muito além dos romances, expandindo-se para a ontologia, política, direito, estudos etnológicos, históricos, e de *futuração*, termo que liga-se ao seu objetivo de contribuir para um esforço civilizacional brasileiro. (PELOGGIO; SIQUEIRA, 2019, p.p. 177-197).

A categoria *futuração* provém da obra de Darcy Ribeiro que, (sob a influência da antropologia de Julien Steward e Leslie White), buscou prospectar as possibilidades civilizatórias futuras do Brasil e América Latina a partir das análises das revoluções tecnológicas ocorridas naquilo que ele denominou *processo civilizatório*. Darcy, elaborou vários estudos sobre as sociedades latino-americanas ressaltando seu potencial de humanizar o mundo e resgatar o gosto e a *alegria de viver*, bem ao modo de José de Alencar em relação ao Brasil. Abandonando a teleologia revolucionária marxista, Darcy passou a olhar as potencialidades do país como centro de uma possível renovação do Ocidente (RIBEIRO, 2006, p.p. 404-409). Vale, porém, insistir que essa visão se apresenta a partir das análises dos possíveis ou virtuais, ou seja, das possibilidades do presente, assim a futuração não é uma futurologia, mas a tentativa de perceber os caminhos que uma sociedade pode ou poderia traçar, suas virtualidades a serem atualizadas – ou não.

Todavia, há também em Darcy, assim como em Alencar, a tentativa de criar narrativas que buscam mobilizar o imaginário, e, por intermédio dele, afetos e emoções em direção à tentativa de construção de uma sociedade por vir, de um povo que falta, uma nova terra, um novo modo de povoamento da terra. Manobra similar à proposta anteriormente por Jean-Marie Guyau e depois afirmada também por Deleuze e Guattari (GUATTARI, 1992; DELEUZE; GUATTARI, 1997, p. 173; RAMOS; PELOGGIO *et Al.*, 2021; KOZEL; PEREIRA DA SILVA, 2022).

Não cabe aqui desenvolver o tema deleuziano da invenção de um "povo por vir", todavia se faz necessário citar a importância desse conceito inovador para se pensar a construção de uma brasilidade alternativa que escape à noção Antigo Regime de Identidade Nacional carregada de humor autoritário e homogeneizante. Articulando o conceito deleuziano associado à concepção antropofágica de Oswaldo de Andrade, Giuseppe Cocco (2009), por exemplo, propõe a alternativa de construção de uma visão política nômade na qual a alteridade, a diferença, e, portanto, o respeito à diversidade cultural interna, seja cultivada. Para uma abordagem esclarecedora sobre o tema há o trabalho de Carla Migelote que ressalta:

> Pretende-se, desse modo, contrapor à defesa da identidade nacional - que implica a eliminação das diferenças culturais internas, em prol de um todo coeso, uno e sem conflitos - a aposta no devir - correlata do desejo de diferenciação, troca e mistura com a alteridade. (MIGELOTE, 2014, p. 10).

Jean-Marie Guyau (2009) buscando diagnosticar os elementos sociais que a arte mobiliza ao atingir os afetos dos agentes, propõe uma sociologia inspirada no processo criativo presente na arte quando referida a construção e representação da realidade, mais do que isso, o autor ressalta que os aspectos fundamentais constitutivos da arte, relativos a essa capacidade de criar novas possibilidades de organização das relações sociais, deve inspirar a ciência que no mesmo movimento busca detectar a transformação ou permanência sociocultural[5]. Contudo, o autor não propõe que se crie um método artístico para a ciência ou que se utilizem afetos, desejos e emoções como caminho metodológico para o conhecimento científico em contraposição à sua própria racionalidade. O que propõe é um diálogo profícuo entre as duas esferas do fazer humano.

---

[5] - Não se pode confundir a estética com a arte. O paradigma ou esquema estético, poiético ou ético-político parte do pressuposto que saberes científicos, artísticos e filosóficos são todos igualmente processos de produção atravessados pela criatividade. É esta posição que nos interessa de maneira fundamental (GUATTARI, 2022, p.p. 23-24).

Busco analisar como a teoria social presente no pensamento literário indica que a formação da subjetividade liga-se diretamente às relações de poder e dominação estando uma entrelaçada à outra de forma que para que seja possível a transformação social haja necessidade de mobilização dos elementos afetivos constitutivos dessa subjetividade (BUTLER, 2017). Repito, este aspecto sociológico, além de representar uma dimensão da realidade sugere ser necessário rever determinadas abordagens teóricas que não levam em conta a ligação direta entre desejo e sociedade, assim, quando digo com Guattari (1992), que o paradigma criativo, poiético ou estético possibilita uma maneira de abordar dimensões da realidade social que os modelos neoiluministas e racionalistas não conseguem, não quero dizer que a sociologia, a filosofia ou teoria social sejam arte ou que a arte é o caminho para a transformação social, mas sim que observar a região social ou o campo de produção artística proporciona a percepção de um *modus operandi*, devir criador ou força plástica – (existente em todas as formas de produção de conhecimento: artística, filosófica e científica) – que está presente de forma mais clara nesse lugar de construção sociocultural do que nos outros, (o qual vem a ser o campo da arte). A lógica (repito) desse *modus operandi* pode tornar-se instrumento possível de mobilização e de compreensão tanto da dinâmica quanto da transformação social.

Por conseguinte, apesar dos críticos severos, e também por causa deles, a obra de Alencar continua sendo um ícone incontornável da literatura e pensamento nacionais. Embora suas aparições nas narrativas acadêmicas em geral o representem de forma obscura e idealista, contraposta ao reluzente e realista Machado, a perspectiva sobre o autor de *O Guarani*, se por um lado produz leituras superficiais e enviesadas, por outro, amplia as possibilidades de se *experimentar* sua arte e pensamento ainda pouco explorados em sua totalidade e que se mantém como imenso manancial a auxiliar a construção de novas percepções sobre as relações sociais - as do Brasil de ontem e de hoje, em particular (PELOGGIO, 2019; RAMOS *et al*, 2021). Portanto, aqui me ocupo em como *textos-ferramentas* podem mobilizar e ser mobilizados pelo leitor, produzindo afetos, desejos e emoções atuantes na transformação da percepção da realidade social; contribuindo para a construção de novas subjetividades, e, portanto, novas práticas. Assim, repito, não me interessa o que os textos *querem dizer*, porém, *como eles funcionam*. Não me interessa se espelham ou não uma (suposta) verdade científica ou metafísica a respeito do mundo ou do autor, mas quais *efeitos de verdade* produzem nos leitores - mobilizando-os ou não. Qual agencia uma obra carrega em suas potencialidades. A pesquisa em ciências sociais desta forma, não é uma obra de arte, mas deve proceder do mesmo tipo de criatividade. Em suma, meu propósito ou projeto é instrumentalizar a teoria social e a sociologia como meio de conhecimento das forças sociais que constituem nossas subjetividades. Forças que agem não apenas sobre nós, mas por intermédio ou através de nós. O conhecimento, desta forma, pode auxiliar a transformação de si e da realidade, não devido ao fato de descobrir a verdade, mas por possivelmente mobilizar por afetos, não apenas pela tomada de consciência puramente racional. Em outras palavras, se a percepção e o conhecimento das relações de dominação e exploração constitutivas das sociedades pode esclarecer bastante aquele que com elas sofre, para possivelmente mudar essa condição é preciso mais do que saber. É preciso ter *vontade* e *desejo* profundo de mudar a si e o seu entorno. Apenas a "tomada de consciência", termo querido aos racionalistas, não é o bastante, é preciso inserir nessa equação a variante volição.

***

As abordagens deste trabalho seguem influenciadas pelos estudos capitaneados por Marcelo Peloggio, o maior especialista no mundo atual em obra alencarina. As pesquisas de Peloggio têm mostrado as várias faces do autor de *Senhora*, desvelando novos aspectos do seu pensamento social, suas perspectivas políticas, seu esforço para compreender o Brasil, sua mitopoiésis e estudos etnológicos, além de iluminarem a esperança que o autor depositava nos aspectos grandiosos do que poderia ser um uma sociedade mais justa e digna; uma comunidade possível, uma nova terra e um povo por vir (DELEUZE; GUATTARI, 1992). Para muito além do romantismo e do romance, Alencar foi um pensador de folego, deixando imensa e diversificada obra, parte inacabada e ainda por ser analisada, publicada e estudada – tarefa assumida por Peloggio e seus parceiros. Sobre Machado de Assis, nenhum comentário é capaz de dimensionar seu sagrado e consagrado papel nacional e internacional. Com efeito, o esforço presente nos textos a seguir está relacionado à máxima foucaultiana (2012, p. 293): "a única lei é: todas as leituras são possíveis". Neste aspecto também este livro pode ser lido em qualquer (des)ordem.

Referências

BUTLER, Judith. *A Vida Psíquica do Poder*: Teorias da sujeição. Belo Horizonte: Autêntica Editora, 2017.

COCCO, Giuseppe. *MundoBraz*: o devir-mundo do Brasil e devir-Brasil do mundo. Rio de Janeiro: Record, 2009.

DA MATTA, Roberto. *A Casa e a Rua:* Espaço, cidadania, mulher e morte no Brasil. Rio: Guanabara, 1973.

DA MATTA, Roberto. *Carnavais, Malandros e Heróis*: Para uma sociologia do dilema brasileiro. Rio de Janeiro : Guanabara, 1979.

DA MATTA, Roberto. A obra literária como etnografia. *In*: DA MATTA, Roberto. *Conta de Mentiroso*. Sete ensaios de antropologia brasileira. Rio de Janeiro: Rocco, 1993.

DELEUZE, Gilles. *Conversações*. São Paulo: Ed. 34, 2013.

DELEUZE, Gilles. *A Ilha Deserta e Outros Textos*. Textos e entrevistas *(1953-1974)*. São Paulo: Iluminuras, 2008.

DELEUZE, Gilles. *Espinosa.* Filosofia prática. São Paulo: Escuta, 2002.

DELEUZE, Gilles. GUATTARI, Félix. *Kafka*. Por uma literatura menor. Belo Horizonte: Autêntica, 2014.

DELEUZE, Gilles; GUATTARI, Félix. *Mil Platôs*. v. 5. São Paulo: Ed. 34, 1997.

DELEUZE, Gilles; GUATTARI, Félix. *O Que é a Filosofia?* Rio de Janeiro: Ed.34, 1992.

ESPINOSA, Baruch. *Ética.* São Paulo: Abril Cultural, 1979.

FOUCAULT, Michel. *Ditos e Escritos* V. Ética, Sexualidade, Política. Rio de Janeiro: Forense Universitária, 2012.

GUATTARI, Félix. *Desejo e Revolução*. São Paulo: Sobinfluencia Edições, 2022.

GUATTARI, Félix. *Caosmose.* Um novo paradigma estético. Rio de Janeiro: Ed. 34, 1992.

GUYAU, Jean-Marie. *A Arte do Ponto de Vista Sociológico*. São Paulo: Martins, 2009.

GLUCKMAN, Max. *Rituais de Rebelião no Sudeste da África.* Brasília: DAN/UnB, 2011.

LAPOUJADE, David. *Deleuze*. Os movimentos aberrantes. São Paulo: n-1 edições, 2017.

LEACH, Edmond. *Sistemas Políticos da Alta Birmânia*. São Paulo: Edusp, 2014.

LÉVI-STRAUSS, Claude. *Antropologia Estrutural Dois*. Rio de Janeiro: Editora Civilização Brasileira, 1993.

LUZ, Madel Therezinha. *Natural, Racional, Social*. Razão médica e racionalidade científica moderna. Rio de Janeiro: Edições Livres, 2019.

MIGUELOTE, Carla. Devir-Brasil: A desarticulação da identidade nacional e a invenção de um povo por vir. *Revista Língua e Literatura*. FW, vol. 16, n. 26. p. 10-16, 2014.

PELOGGIO, Marcelo; SIQUEIRA, Ana Márcia Alves. José de Alencar, o educador. *In*: PELOGGIO, Marcelo. (org.). *Fator Alencar. Ensaios*. Belo Horizonte: Relicário, 2019.

RAMOS, Danielle; PELOGGIO, Marcelo; SOARES, Marcus; CUNHA, Washington. (orgs.). *José de Alencar*. Dispersos e inéditos. Salvador: EDUFBA, 2021.

RIBEIRO, Darcy. *O Povo Brasileiro*. São Paulo: Companhia das Letras, 2006.

RICARDO, Thiago Vidal. *O Anti-Édipo e o Problema Fundamental da Filosofia Política em Deleuze e Guattari*. São Paulo: Appris Editora, 2022.

SABINO, César. *Drogas de Apolo*. Uso ritual de esteroides anabolizantes em academias de fisiculturismo. Curitiba: Appris, 2020.

SCHÖPKE, Regina. Apresentação. Guyau: a arte como potência de vida. In: GUYAU, Jean-Marie. *A Arte do Ponto de Vista Sociológico*. São Paulo: Martins, 2009.

SCHOLLHAMMER, Karl Erik. As práticas de uma língua menor. Reflexões de uma tema de Deleuze e Guattari. *Ipotesi. Revista de Estudos Literários*. Juiz de Fora, v. 5, n. 2. p. 59-70, 2001.

VIVEIROS DE CASTRO, Eduardo. *Metafísicas Canibais*. Elementos para uma antropologia pós-estrutural. São Paulo: n-1 Edições, 2015.

VIVEIROS DE CASTRO, Eduardo. Filiação intensiva e aliança demoníaca. São Paulo: *Novos Estudos*. CEBRAP. Número 77, março de 2007.

KOZEL, Andrés; PEREIRA DA SILVA, Fabrício. *Os Futuros de Darcy Ribeiro*. São Paulo: Elefante, 2022.

SUMÁRIO

INTRODUÇÃO 25

O ESPELHO. A (DES)CONSTRUÇÃO DA SUBJETIVIDADE EM UM CONTO DE MACHADO DE ASSIS 39

Ação e estrutura 39

A (des)construção social da identidade 43

Reflexividade e síntese teórica 46

Esquema poiético ou *ars sociologicae* 55

Considerações finais 62

Referências 65

ONTOLOGIA E ÉTICA EM JOSÉ DE ALENCAR 75

Peripécia cosmogônica 76

A imanência do tempo 83

Espaço vazio 90

Uma questão sobre a escravidão 93

Considerações finais 97

Referências 98

A DINÂMICA SOCIAL EM UM ROMANCE ALENCARINO 103

Forças em relação 104

Dinâmica social 110

Considerações finais 121

Referências 124

GUERREIRO SOLITÁRIO: A ETNOLOGIA PRECURSORA DE JOSÉ DE ALENCAR 129

Tradição e identidade 129

Alteridade e perspectivismo 132

A gesta de ubirajara 144

Tragédia antropofágica 146

Considerações finais 149

Referências 151

ÍNDICE REMISSIVO 157

INTRODUÇÃO

Busco associar neste trabalho elementos que contribuam para o esboço de uma analítica das afecções, destacando de que maneira partes constitutivas das relações de poder impactam os agentes sociais, ou seja, produzem *afetos* em indivíduos e grupos, subjetividades, fazendo-os reproduzirem as estruturas ou mobilizando-os para a mudança ou transformação de si mesmos, suas práticas e seu contexto. Neste aspecto, me aproximo em parte da antropologia das emoções e das teorias dos afetos. Todavia, busco detectar mecanismos mobilizadores de pessoas e grupos destacando a importância do *desejo*. O objetivo principal é muito simples: compreender de que maneira afetos são agenciados por instituições, organizações, cultura e sociedade constituindo racionalidades e apresentando-se como importante elemento de mobilização ou não; ou ainda, perceber de que maneira afecções diversas advindas de todos os tipos de contatos socioculturais aumentam ou não a capacidade de ação coletiva ou individual, transformando a estrutura social ou mudando-a para permanecer formalmente a mesma. Vejo como sugestivas para a teoria social abordagens tais como a deleuzo-guattarianas que descrevem a sociedade capitalista contemporânea como um sistema não apenas de aparelhos repressores, - problema que seria mais fácil de resolver se fosse o caso -, mas, como *sistema de captura* que coopta desejos construindo e controlando subjetividades, constituindo-as para anelarem valores, crenças e fluxos econômicos referidos ao próprio sistema. Processo que torna possível a circulação ilimitada do desejo administrando-o via flexibilização e adaptação de normas. As ideias sobre tomada do poder, conquistas identitárias, conscientização e emancipação de classe, acabam, não raro, absorvidas pelos fluxos do capital,tradicionalizando-se sob o processo de conquistas de direitos. Lutas que ao serem cooptadas acabam guiadas para a reprodução das estruturas sociais reelaboradas pelas relações de dominação as quais colonizam subjetividades rebeldes, redirecionando-as para novas e readaptadas funções de lucro. Com frequência amenizando e absorvendo demandas a ponto de dissipá-las. Essa dinâmica expressa em geral uma desterritorialização relativa de subjetividades coletivas ou não (DELEUZE; GUATTARI, 2010).

Penso que não se trata mais de manter as antigas narrativas e práticas políticas voltadas ao combate das novas formas de dominação, exploração, depredação da natureza e genocídio. Não se trata de elaborar programas ou definir estratégias de luta política, - os quais muitas vezes terminam por reproduzir as formas capitalistas contemporâneas (a *axiomática* como escrevem Deleuze e Guattari) -, mas de detectar espaços onde subjetividades possam se constituir politicamente ou sejam capazes de transformar suas práticas (LAPOUJADE, 2017; AGOSTINHO, 2020; RICARDO, 2022; 2023). A esse respeito em relação à dinâmica social reproduzo a clássica observação de Edmond Leach (2014, p.p. 68, 69):

> As estruturas que o antropólogo [e o sociólogo] descreve são modelos que existem apenas em sua própria mente na forma de construções lógicas [...] as sociedade reais existem no tempo e no espaço [...] em constante mudança. Toda sociedade real é um processo no tempo. As mudanças que resultam desse processo podem ser discutidas sob dois ângulos. Primeiro, existem as que são coerentes com uma continuidade da ordem formal existente [neste caso] as mudanças são parte do processo de continuidade. Não há mudança na estrutura formal. Segundo, existem mudanças que de fato refletem modificações na estrutura formal [o que mais me capta o interesse] são mudanças desse último tipo.

Considero os segundo movimentos citados por Leach como transformações estruturais e as mudanças como maneiras de readaptação produzida pelos grupos dominantes (elites) para se manterem enquanto tais. Assim, vejo as teorias que ressaltam a importância do desejo, dos afetos, e mesmo das emoções, ou seja, subjetividades, como elementos cruciais para a compreensão desse processo os quais podem ajudar na construção de uma visão sociológica que não seja apenas descritiva, interpretativa ou compreensiva dos sistemas sociais ou relações, mas como p*roposta de experimentos* éticos mobilizantes. Ou seja, uma sociologia das afecções e afetos não está apenas preocupada em descobrir as causas fundamentais dos objetos de estudo ou compreender a maneira como os indivíduos percebem o mundo. Sua narrativa, ela mesma, deve ser antes de tudo produtora de afetos – o que interessa, por exemplo, não é se Marx escreveu a verdade a respeito das relações sociais; mas de que forma sua narrativa mobilizou milhões de pessoas.

É óbvio que abordagens desse tipo desagradam racionalistas; em relação a proposta, Vandenberghe em tom arguto e jocoso (2016, p. 6), por exemplo, deposita todas as teorias atuais não iluministas (as quais intitula pertencentes às "viradas ontológicas, animistas, afetivas", e assim por diante) em um mesmo *container*, descrevendo-as como espécies de narrativas pseudocientíficas beirando o misticismo:

EXPERIMENTOS: TEORIA SOCIAL *NA* LITERATURA DE JOSÉ DE ALENCAR E MACHADO DE ASSIS

> O problema [dessas "viradas"] vem da natureza infracons-
> ciente, transpessoal e molecular dos afetos e das sensações.
> Neste ponto, as formas pré-históricas de animismo que
> vêm das profundezas da vida são tecnicamente unidas às
> instalações de alta tecnologia da pós-modernidade. O infra-
> -humano e o pós-humano são fundidos em uma filosofia
> pseudocientífica e pós-moderna que evoca alguns dos seus
> conhecimentos da física quântica, da biologia molecular e
> da matemática dos fractais. Deleuze não está longe, mas
> tampouco Bourdieu. Como o campo de posições, o campo
> das pulsações energéticas é também um campo de forças.
> Construído pelo cientista como um constructo que explica
> senso comum e sentimentos comuns por algo que transcende
> a percepção comum, é metafisicamente aprimorado e seques-
> trado por filósofos especulativos que anseiam por algo que
> seria ao mesmo tempo transpessoal e íntimo.

Ainda que pese a vasta erudição, talento literário e potência criativa do autor, ele não se interessa pelas obras com concepções divergentes daquelas próximas àquelas que o seu mais admirado intelectual, - o neo-hegeliano Roy Bhaskar -, defende em seu projeto de *critical realism*. (VANDENBERGHE, 2010, p.p. 122-145 e 183-256). A teoria social, assim, despende toneladas de papel, rios de tinta e muitos exabytes discutindo o projeto da modernidade, a reflexividade, o iluminismo como projeto a ser cumprido, se a emancipação humana se realizará pela aplicação do racionalismo, e assim por diante, não detectando a importância crucial do *desejo* e dos *afetos* para a constituição das ações, e, portanto, para a mobilização dos agentes, como se a psicaná-lise, a psicologia a publicidade, a propaganda e o marketing não tivessem absolutamente nada a dizer sobre o tema ou como se essas disciplinas há mais de século não mostrassem e demonstrassem as eficiências, eficácias e a importância destes elementos para a construção das relações sociais como se *sentimentos* e emoções presentes nos "fatos sociais", para replicar Durkheim (1972)[6], não pudessem ser objetos de estudos científicos. Não há nada de anticientífico, místico ou misterioso em estudar efeitos que desejos,

---

[6] - Os fatos sociais "são formas de agir, pensar e *sentir*" conforme deixou bem claro o autor, destacando que o ser humano não é apenas uma máquina reflexiva ou de calcular (1972, p. 23. Grifo meu). A maioria dos teóricos sociais neoiluministas parecem não entender este aspecto fundamental presente na obra de uma dos pais fun-dadores. Outra obra da escola francesa que ressalta o aspecto simbiótico entre o racionalidade o afeto, a ciência e a arte, destacando o racionalismo do pensamento científico ocidental e relacionando-o a uma lógica universal das *qualidades sensíveis* é *O Pensamento Selvagem* (2002) de Lévi-Strauss. Sob meu ponto de vista a introdução de Weber, para a *Ética Protestante e o Espírito do Capitalismo* (1999) e o texto *Os Fundamentos Racionais e Sociológicos da Música* (1995), são os trabalhos nos quais mais claramente o autor disserta sobre a característica fundamental da sociedade e cultura ocidental: o racionalismo, não apenas a racionalidade e a racionalização.

afetos, emoções produzem no comportamento humano por intermédio das relações sociais, constituindo-as; mas o contrário: da mesma forma, por exemplo, que as pesquisas e os estudos da publicidade buscam detectar as forças que mobilizam a ação, ou seja, desejos, emoções e aspirações constitutivas do público consumidor, visando conduzi-lo, seja em direção ao mesmo consumo de produtos e mercadorias, seja na escolha política ou outra qualquer, a sociologia deve diagnosticar elementos inconscientes e subjetivos que mobilizados conservam (BURKE, 1994) ou ajudam a transformar (DELEUZE; GUATTARI, 2010; MASSUMI, 1995, p.p.106-107) – as estruturas sociais objetivas. A possível reflexividade que participa da ação não elimina condicionamentos afetivos, e a escolha, por mais calculada e calculista que seja, não elide as raízes desejantes presentes na subjetividade.

O primeiro capítulo sobre a teoria social presente em um conto de Machado de Assis, trata do crônico problema em teoria social, a saber: a questão da ação e estrutura ou síntese sociológica. Busquei destacar que o conto sugere a existência de uma forma de racionalidade não apenas radicada na consciência do agente, no esclarecimento ou emancipação, - como ressaltam teóricos ligados à tradição reflexivista -, mas que desejo e afeto são fundamentais para a mobilização tanto individual como coletiva. Para isso busquei articular os conceitos de histerese (*hysteresis*) e habitus clivado (*habitus clivé*) apontados, ainda que brevemente, por Bourdieu em sua obra.

Leva o agente social leva o agente social o agente sente-se deslocado, desencaixado e mesmo marginalizado no contexto no qual se encontra, em geral pelo fato de suas expectativas , oportunidades (*lusiones*) e esperanças (*illusio*), suas *estruturas subjetivas*, não serem correspondidas pelas oportunidades e recompensas oferecidas pelas *estruturas objetivas* ou relações sociais (BOURDIEU, 2001, p.p. 253-300). Essa dissonância ou mal-estar ocasionado pela frustração e ausência de expectativas, levar o agente social a elaborar alternativas (reflexividade de reconhecimento) de conquista, enquadramento, mudança e aceitação na estrutura do e pelo próprio sistema social que o frustra. Contudo, o resultado deste esforço pode produzir a mudança de status; reproduzindo as formas de dominação, ou seja, este tipo de reflexividade apresenta a tendência a não transformar a estrutura do sistema. Destarte, a propensão deste processo é o agente individual ou coletivo lutar para alcançar posição e adequação - situações de destaque, autoridade, reconhecimento e dominância, lutando para parecer digno e competente, capaz de se integrar a elite, ou constituir uma nova elite. Em outros termos: esse movimento de histerese representa a mudança de status e possível reconhecimento que absorve o oprimido em uma condição de dominante ou próximo a isso, não raro, fazendo-o assumir papel ou função de opressor ou, no mínimo conquistando posição ou função nas instâncias do campo dominante o qual denunciava como injusto. Essa dinâmica, sob meu ponto de vista, não transforma a sociedade, mas constitui um tipo de *movimento* que visa a gradativamente adequar, cooptar e capturar os elementos que a ela se contrapõem, absorvendo-os do lado dominante.

Este aspecto denomino efeito *Gluckman*, visto que este antropólogo ao descrever o funcionamento da estrutura social da Zululândia de sua época, - então ocupada pelos britânicos -, ressaltou a existência de conflitos e desajustes sociais constantes que ameaçavam o funcionamento sistêmico. Todavia, os mesmos conflitos resolviam-se por intermédio de mecanismos estruturais ritualísticos que absorviam a ameaça de transformação, por reequilibrá-la em uma dinâmica de readequação na qual demandas e revoltas eram parcial ou totalmente atendidas mantendo assim a dinâmica estrutural – a mudança tornava-se um exercício para a manutenção das práticas anteriores. Por conseguinte, os indivíduos e grupos em conflito reajustavam-se por intermédio de adaptações das várias ordens as quais atendiam parte das suas reivindicações criando uma "nova" normalidade. Isso era corroborado pelo fato dos que desafiavam as relações de dominação *desejavam*, antes e acima de tudo, serem aceitos e *reconhecidos* nela, ocupando espaços de riqueza e status, ao terem suas reivindicações atendidas. (GLUCKMAN, 1987, p.p. 227-262; 2011. p.p. 5-34). Desta forma, o *rebelde da histerese* era capturado, subsumido e adequado pelas relações dominantes.

Embora com processo parecido àquele da histerese, o *habitus clivado* surge como um tipo de ação radical que por vezes transforma, e não apenas dinamiza, as estruturas sociais, embora nem sempre consiga. Esta ação, como procuro mostrar no texto, se aproxima bastante do que foi denominado *paradigma estético ou criativo* o qual também denomino *esquema esquizo* ou paradigma poiético, posto ligar-se a força e capacidade criadoras (não apenas reprodutoras) características das ações humanas - *plastische Kraft*, como escreveu Nietzsche (2017)[7], presente em agentes coletivos ou não que buscam modificar ou realmente transformar as estruturas sociais. Associo

---

[7] - A *plastische Kraft*, força ou potência plástica, em Nietzsche diz respeito à força dinâmica do próprio mundo em sua totalidade e em seus múltiplos acontecimentos criadores e destruidores envolvendo o ser humano e sua história, sendo mesmo a força constitutiva desse mundo em sua totalidade e multiplicidade. Ainda mais, a força plástica também refere-se à capacidade de um indivíduo, sociedade e cultura produzir transformações, criações produzindo o novo, construindo assim novas perspectivas referidas à existência, afirmando, portanto, a vida em seus aspectos intensivos e trágicos (NIETZSCHE, 2005; 2017).

o comportamento daqueles que não se enquadram nas relações sociais, - trânsfugas de classe, "pinos quadrados em encaixes redondos", "esquizoides" ou "peixes fora d'água", como em geral são chamados -, como aqueles que têm forte capacidade e ímpeto de perceber e sentir o peso das engrenagens sociais dominantes e seus efeitos (afecções) em geral. Inconformados, rebeldes, revolucionários, produtos de uma sensibilidade aguçada e uma capacidade questionadora ímpar ou *reflexividade afetiva*, tais agentes raros, quando não são destruídos de uma forma interna ou externa (forças psíquicas e socio-culturais), e conseguem realizar seus propósitos, costumam, em suas ações, apontar novas formas de estruturação social ou práticas em seus campos de agencia, vindo mesmo a transformá-los[8].

A atuação daqueles que produzem e são produzidos pelo *habitus clivé*, portanto, é mais radical e singular do que aquela elaborada no processo de histerese. Por conseguinte, indico, mas não desenvolvo, uma possível elaboração teórica que envolva os conceitos de Bourdieu, com aqueles de Deleuze e Guattari, visando não apenas sair da dicotomia ação/estrutura, mas da concepções de emancipação, evolução, conscientização carrega-das de racionalismo iluminista (esclarecimento e diferenciação estrutural evolucionária) as quais não conseguem tratar das intensidades afetivas que mobilizam ou desmobilizam seres humanos enquanto *multivíduos* capazes de produzir novas práticas e transvalorar valores tradicionais ou disfarçados de revolucionários. Deleuze e Guattari (1980) denominam essas ocorrências referidas ao *movimento-mudança* (reprodução sistêmica) ou *movimento--transformação* (mudança estrutural) com os conceitos de *desterritorialização relativa* e *desterritorialização absoluta*. Com isso são muito cuidadosos no que diz respeito ao funcionamento e a capacidade de flexibilização das próprias sociedades capitalistas contemporâneas. O primeiro processo de afecção mobilizadora ou "desterritorialização" – o qual aproximo do conceito, ou melhor functivo, de histerese – manifesta a capacidade de adequação des-

---

[8] - A respeito da subjetividade desmoronada produzida pelos devires revolucionários de Deleuze, - que associo ao habitus clivado de Bourdieu -, a parte 6 do livro *Deleuze, A Arte e a Filosofia* de Roberto Machado (2013, p.p. 191-217), é bastante esclarecedora ao mostrar que apesar de haver no "devir, na desterritorialização ou na linha de fuga, perigo de desmoronamento [subjetivo], de demolição ou de uma evasão que não dá certo [que] possa ser destruidora, ou até mesmo mortal, a questão importante é como ela pode ser vivida [...]. Quando Deleuze fala de esquizofrenização, [...] não se trata de um enaltecimento da loucura como doença, mas do elogio de um procedimento de libertação de fluxos, de um movimento de desterritorialização, significando, portanto, que ele distingue o esquizofrênico do tipo psicossocial (o doente de hospital, clínico, aquele que interrompe o processo) e o esquizo [esquizoide] como portador de fluxos desterritorializados e descodificados [...]. A neurose, a psicose não são passagens de vida, mas estados nos quais se cai quando o processo [de transformação de si e das relações sociais] é interrompido, impedido, colmatado. A doença não é [esse] processo, como [, por exemplo,] no 'no caso Nietzsche'".

sas sociedades a todos os tipos de demandas e oposições aos seus fluxos, absorvendo-as, neutralizando-as. Por outro lado, *desterritorialização absoluta* vejo como elemento e ação própria do *devir* revolucionário relacionado ao conceito de habitus clivado, capaz de transformar subjetividades e objetividades. O habitus clivado, ainda que pese ter sido pouco detalhado na obra bourdieusiana, é um conceito que abre a possibilidade, a partir das análises sobre a reprodução social, para a compreensão das margens de liberdade que não se dão necessariamente pela "tomada de consciência", porém pela mobilização de afetos que clivam, dividem, produzem sofrimento subjetivo em um processo "esquizoide", similar àquele nomeado por Deleuze e Guattari, processo produtivo relacionado às subjetividades o qual pode tornar-se criativo e transformador da ação, e, por conseguinte, da estrutura social (BOURDIEU, 2022, p.p. 92-93; DELEUZE; GUATTARI, 1992, p. 101; 2010; GUATTARI, 1992, p. 140; MALVEZZI, 2019, p.p. 203-211. *et. seq.*).

O segundo capítulo deste livro é uma análise de alguns ensaios alencarinos até a pouco inéditos. Nesta análise procuro destacar na ontologia, cosmologia e ética presentes nos argumentos e exposições do autor cearense uma concepção panteísta radicada nos conceitos de *diferença* e imanência os quais o mesmo refere a uma transformação ética, transvaloração de valores e a criação de um novo ser humano, o qual afirma a vida e constrói no presente a alegria e a esperança que podem vir a produzir ao menos um futuro possível. Trabalhando uma visão específica a respeito da formação do mundo e a virtualidade de seu destino, Alencar elabora uma bricolagem com os elementos presentes não apenas no contexto sociocultural brasileiro, o qual pode ser tratado como uma espécie de texto, - uma forma de escritura à moda derridiana -, mas de escrituras diversas. Neste processo se afasta da metafísica enquanto cultivo do *Mesmo* e passa a ressaltar um pensamento diferenciante antecipando várias perspectivas filosóficas e da teoria social, sugerindo em entrelinhas, uma espécie de ética e visão política de respeito pleno à alteridade, posto que o outro faz parte do eu e vice-versa em um jogo sistêmico de relações elevadas ao infinito no qual o indivíduo e a ilusão do sujeito substantivo são efeitos de traços mútuos implicados em relações. Esse respeito à outridade marca a visão alencarina ressaltando a imanência a ponto de atingir a concepção de tempo enquanto movimento e transformação da matéria ou como a própria matéria em movimento.

Todavia a ética advinda desta perspectiva não é impositiva nem prescritiva, ela se apoia no possível, no instável e na esperança do acontecimento alegre viável, posto que para ela o que na prática são as atitudes do agora é o que possibilitará *talvez* a atualização do virtual. Não há *télos* ou concepção mecanicista ou positivista de História, mas fluxos que dependem dos valores e suas transposições em novas práticas para se direcionarem para um futuro em aberto passível de afirmar a diferença com toda sua singularidade e potência. Alencar não cria uma narrativa repleta de delírios impossíveis e improváveis, uma utopia, investe, porém, naquilo que Foucault veio mais tarde a denominar uma *experiência utópica*, que a partir da crítica e do ceticismo, visa mobilizar pessoas para a criação de uma sociedade distinta da atual - ou daquela da sua época. A análise do texto inédito e suas questões referidas ao respeito pelo devir leva ao problema da escravidão, tema tão mal (re)conhecido na obra e pensamento do autor. Diante desse aspecto o capítulo trata brevemente da visão do autor a respeito do tema, destacando sua preocupação crítica com a proposta abolicionista que levaria ao abandono da população afro-brasileira a sua própria sorte sem qualquer tipo de apoio ou auxílio como ele mesmo previa; fato contra o qual se posicionava radicalmente, ressaltando a necessidade de construir um movimento que proporcionasse cidadania e igualdade de oportunidades a todos. Esperança que ele mesmo, Alencar, sustentava com muita desconfiança de ocorrer, posto que nem a maior parte da população livre era cidadã (ALENCAR, 2021).

O terceiro capítulo busca experimentar as forças teóricas presentes no romance *Til*, uma obra densa e repleta de questionamentos sobre a condição humana e suas contradições diante do mal. O romance cria um pequeno modelo de sistema social pautado no *conflito* intermitente e na lógica trágica e anti-hegeliana. É a partir de uma propriedade agrária escravocrata na qual o sofrimento, a dureza, a crueza e a crueldade da existência se produzem e reproduzem entre dominados, eles mesmos repletos de inveja e preconceito, disputando status e autoridade uns com os outros. O romance sugere a antecipação teórica de uma luta por r*econhecimento* – teoria da terceira geração da Escola de Frankfurt - na qual indivíduos dominados e sofredores, desprezados em suas condições socioculturais e econômicas passam a se mobilizar para mudar sua situação não apenas material, porém, espiritual ou mental. O processo passa a se realizar a partir da ação solidária de uma personagem (Berta) que consegue efetuar de forma crescente práticas afetivas solidárias levando pessoas empedernidas e duras de coração a lentamente mudarem suas *visões de mundo*. Assim, novas subjetividades vão sendo construídas na prática por intermédio da experimentação afetiva, dos sentimentos, e não apenas da conscientização ou *tomada de consciência* de classe ligada a uma ontologia racionalista. Todavia, a parte teórica mais importante é aquela que aproxima a teoria do reconhecimento da abordagem alencarina mostrando que a mesma longe de ser um fato inerente à História, e, portanto, constitutivo de uma visão evolucionária, é muito mais uma forma das relações de poder se adaptarem às forças que as combatem produzindo a dinâmica da captação e absorção sistêmica das identidades, mais do que de fato a transformação social pela aceitação da diferença ontológica. Nesse processo a mudança surge apenas enquanto manifestação conflitiva de identidades estacionando, após conquistar reconhecimento; assim a diferença, a princípio motor de transformação estrutural, termina absorvida pela mesma estrutura ou Identidade. *Til* pode ser um alerta crítico em relação às teorias neoevolucionistas e eurocêntricas, que veem como aprimoramento social, a adequação gradativa aos modelos político-econômicos ocidentais realizados por sociedades ditas periféricas. Se no romance a ação solidária e modificadora de Berta transforma as pessoas isso não representa a existência de um mecanismo ou lei histórica e social referida a uma reciprocidade positiva, visto que, no texto, absolutamente nada garante que essa dinâmica reaparecerá em outros contextos e tempos, sendo fator sociológico garantido e metodologicamente previsível, como se a luta por reconhecimento ou mesmo distribuição de riquezas, ou a razão comunicativa, fossem motores, (mesmo que não deterministas), em potência da diferenciação evolutiva do social, bem à moda das modulações contemporâneas do pensamento hegeliano ou do moralismo kantiano. Vale ressaltar, assim, que os conflitos e lutas identitárias ou por reconhecimento surgem mais como um processo dinâmico das relações de dominação e poder as quais absorvem, dessa forma, elementos que as ameaçam, do que uma transformação evolucionária estrutural, de fato. De qualquer forma é sob a liderança de um indivíduo - Berta - que o processo se consolida.

Os valores presentes nessas narrativas teóricas constroem e absorvem a diferença em uma concepção identitária absolutista, demonstrando seu desinteresse ou incapacidade em compreender a transformação enquanto elemento imanente contínuo, e, portanto, constitutivo da vida enquanto devir ou síntese disjuntiva. Nesse aspecto, defendo que a transformação não é o momento acidental do Mesmo, da Identidade, do Absoluto, mas o contrário, a ordem, ilusão do imutável, é que não passa de momento do caos, posto não ser o mesmo que retorna, mas o retornar é que é o mesmo na diferença: "a repetição como diferenciador da diferença" (DELEUZE, p.p. 119 e 365-415)[9].

---

[9] - A ontologia deleuziana é fundamental para a construção de uma sociologia que "fuja" da cadeia milenar do pensamento metafísico, racionalista e moralista surgido na tradição europeia dominante de Platão a Habermas e

Dando sequência ao pensamento acima, o quarto e último capítulo trata da precursora etnologia presente nos estudos realizados por Alencar, mormente aqueles das notas do romance Ubiraja*r*a. É de se estranhar que até o momento nenhum etnólogo ou antropólogo tenha se debruçado com detida atenção sobre esses escritos inovadores para século XIX. Nestes fragmentos, como é possível perceber, surgem os primeiros traços ou a percepção, por parte do autor, de uma *ontologia ameríndi*a ou de um conjunto de conceitos cosmológicos formando um novo pensar ainda não percebido à época pelos estudiosos, um pensamento *do selvagem* que termina por desvelar-se enquanto pensamento *selvagem*, (muito mais tarde estudado por Lévi-Strauss), uma originalidade ameríndia diante da tradição filosófica europeia hegemônica. A experimentação que fiz desse peritexto do romance *Ubirajara*, levou-me a vislumbrar uma teoria social na qual tanto o pensamento da diferença surge como cosmologia, ou seja, como elemento sociocultural que funda ética e práticas entre seres humanos e natureza, (direcionando-se às questões ecológicas atuais), da mesma forma que produz uma teoria da ação não apenas inovadora em sua síntese entre agente e contexto, mas também no sentido holístico-multividualista no qual todos os seres e mesmo coisas agem uns sobre os outros.

Destarte, os conceitos e elementos que surgiram na filosofia ocidental não dominante ou não hegemônica, e, que por isso, foram comumente classificados como constitutivos de pensamentos marginais e desviantes, ou como escreveu Deleuze, filosofias "menores", - (pensamento característico de alguns pré-socráticos, Duns Scotus, Espinosa, Giordano Bruno, Nietzsche, e outros mais contemporâneos como o próprio Deleuze, Derrida, Latour e

---

Honneth. Deleuze, na mesma perspectiva de Gabriel Tarde (2003; VARGAS, 2000; THEMUDO, 2002) constrói uma ontologia social pluralista, ético-estética e trágica criticando o primado que os pensamentos sociais (mas não apenas) conferem à Identidade, ao Absoluto, ao Mesmo ou Um enquanto contrabandos religiosos, e, similarmente metafísicos (platônicos), para a ciência social e a filosofia. Metafísica atrelada à concepção da cosmologia ocidental relativa a um Deus imutável, perfeito e sedentário, apartado do mundo natural e material, mundo esse que seria "defeituoso" por ser devir, mutável ou nômade. O pensamento deleuziano subverte essa percepção não subordinando à *diferença*, a transformação, (seja ela qual for), à Identidade ou o Mesmo, sustentando que o conceito de repetição nada tem a ver com aquele relacionado ao mecanicismo, ao teleológico ou a uma suposta Lei constitutiva das engrenagens históricas ou sociais, como a tradição do século XIX e parte do XX e XXI sustentam na teoria social. Por conseguinte para Deleuze a diferença é unívoca, dizendo de uma mesma forma enquanto diferença em tudo aquilo que ela se diz, a diferença sempre retorna em contraposição à identidade. Como escreve Zourabichvili (2003, p. 82- 83): "A univocidade é a síntese imediata do múltiplo. O um não se diz senão do múltiplo, ao invés de que este último se subordine ao um como ao gênero superior e comum capaz de englobá-lo. O corolário desta síntese imediata do múltiplo é o desdobrar de todas as coisas sobre um plano comum de igualdade: 'comum' aqui não tem o sentido de uma identidade genérica, mas de uma comunicação transversal e sem hierarquia entre seres que simplesmente diferem. A medida (ou hierarquia) muda igualmente de sentido: ela não é mais a medida externa dos seres em relação a um padrão, mas a medida interior a cada ser em sua relação com seus próprios limites".

outros) -, conceitos agora percebidos como constitutivos de pensamentos coletivos presentes há milênios na América do Sul pré-colombiana. Não apenas na América do Sul: hoje se sabe que esse perspectivismo também estava e ainda está presente entre povos da América Central, América do Norte e Ásia (VIVEIROS DE CASTRO, 2002, p.p. 351-352; 2008, p. 126). Pensamento que pode ser conhecido e reconhecido em etnografias que tratam das visões cosmológicas, narrativas míticas, artes e cultura material em geral, oferecendo uma abrangência não apenas geográfica, extensiva, mas também, intensiva, da própria agencia presente nessas sociedades estudadas (GOMES, 2012, p. 134).

Reitero que este livro porta a concepção de narrativa sociológica não como o retrato mais fiel possível do (des)conhecido ou da realidade. Mas busca tratar a construção do saber enquanto *relação* com o (des)conhecido. O que importa novamente é a relação com esse (des)conhecimento percebendo os efeitos, afecções que provoca, de que forma ele aumenta, ou não, a potência de agir do leitor, sendo antes, também, um modo de criar, muito mais que um modo de contemplar, refletir ou comunicar, ou seja, um novo modo de experimentar a política ou as relações de poder (DELEUZE; GUATTARI, 1992).

Todos os capítulos aqui constantes foram publicados em livros e revistas de forma bastante modificada ao ponto de alguns terem se tornado outros textos. Há que ressaltar que a concepção de três quartos deste trabalho surgiu quando o Prof. Marcelo Peloggio, - professor da Universidade Federal do Ceará, e, certamente, o maior especialista na obra alencarina até hoje -, fez-me convites para contribuir com três capítulos em coletâneas que seriam por ele organizadas, o que não apenas me honrou sobremaneira, mas me levou a realizar (modestamente) pesquisas a respeito do que me era possível fazer naquele momento. O resultado foram os três capítulos referentes a José de Alencar aqui presentes neste pequeno livro.

Antes havia experimentado escrever uma análise a partir do que entendi serem elementos de teoria social em um conto de Machado de Assis, denominado: O Espelho. Esboço de uma teoria da alma humana, o qual apresentei para a leitura e parecer da Profa. Madel Luz a época pesquisadora do IMS/UERJ e que resolveu, com algumas sugestões e correções importantes enviá-lo para publicação em parceria na *Physis. Revista de Saúde Coletiva*, [1] 21, Rio de Janeiro, p. 11-23, 2011. A versão aqui apresentada encontra-se bastante modificada e expandida em relação àquela anteriormente publicada, sendo mesmo outro texto, o que me levou a assumir toda responsabilidade a respeito do mesmo. Por isso a publicação solo.

Esse segundo capítulo foi publicado com o título: José de Alencar e a Ética do Indecidível, saindo no livro organizado por Marcelo Peloggio de nome: *Antiguidade da América e Raça Primogênita - José de Alencar*. Fortaleza: Editora da Universidade Federal do Ceará, 2010.

O terceiro capítulo também publicado em obra organizada por Marcelo Peloggio: *José de Alencar. Séc. XXI*. Fortaleza: Editora da Universidade Federal do Ceará, 2015, saiu com o título de Solidariedade e reconhecimento. Elementos para a compreensão da dinâmica social em um romance alencarino.

Por fim, o quarto e último capítulo saiu como artigo em mais outra edição capitaneada por Peloggio nos *Anais do Museu Histórico Nacional*. Rio de Janeiro, v. 41, 2009. p.p. 10-31; tendo o título: O Guerreiro Solitário: Antropologias precursoras de José de Alencar.

Referências

AGOSTINHO, Larissa Drigo. Guattari: Máquinas e sujeitos políticos. *Trans/Form/Ação*, Marília, v. 43, n. 1, Jan./Mar. p. 103-126, 2020.

ALENCAR, José. *Dispersos e Inéditos*. In. RAMOS, Daniele; PELOGGIO, Marcelo, *et al.* (orgs.). Salvador: EDUFBA, 2021.

BOURDIEU, Pierre. *Sociologia Geral*. Vol. 1. Lutas de classificação. Petrópolis: Vozes, 2022.

BOURDIEU, Pierre. *Meditações Pascalianas*. Rio de Janeiro: Bertrand Brasil, 2001.

BURKE, Peter. *A Fabricação do Rei*. A construção da imagem pública de Luis XIV. Rio de Janeiro, Jorge Zahar, 1994.

DELEUZE, Gilles. GUATTARI, Félix. *O Anti-Édipo*. Capitalismo e esquizofrenia. São Paulo: Ed. 34, 2010.

DELEUZE, Gilles. GUATTARI, Félix. *O Que é a Filosofia*? São Paulo: Ed. 34, 1992.

DELEUZE, Gilles. GUATTARI, Félix. *Mille Plateaux*. Paris : Éditions du Minuit, 1980.

DURKHEIM, Émile. *As Regras do Método Sociológico*. Rio de Janeiro: Civilização Brasileira, 1972.

GLUCKMAN, Max. Análise de uma situação social na Zululândia moderna. In: FELDMAN-BIANCO, Bela. *A Antropologia das Sociedades Contemporâneas*. São Paulo: Global, 1987.

GLUCKMAN, Max. *Rituais de Rebelião no Sudeste da África*. Brasília: DAN/UnB, 2011.

GOMES, Denise Maria. O perspectivismo ameríndio e a ideia de uma estética americana. *Bol. Mus. Para. Emílio Goeldi. Cienc. Hum.*, Belém, v. 7, n. 1, p. 133-159, jan.- abr. 2012.

LAPOUJADE, David. *Deleuze*. Os movimentos aberrantes. São Paulo: n-1 edições, 2017.

LEACH, Edmond. *Sistemas Políticos da Alta Birmânia*. Um estudo da estrutura social Cachin. São Paulo: Edusp, 2014.

LÉVI-STRAUSS, Claude. *O Pensamento Selvagem*. São Paulo: Papirus, 2002.

MACHADO, Roberto. *Deleuze. A arte e a filosofia*. Rio de Janeiro: Zahar, 2013.

MALVEZZI, Amarildo. Estética, liberdade e reflexividade: repensando Bourdieu. *Sociologias*, Porto Alegre, ano 21, n. 52, . p. 192-219, set-dez 2019.

MASSUMI, Brian. The Autonomy of Affect. *Cultural Critique*, no. 31, The Politics of Systems and Environments, Part II. p. 83-109, Autumn, 1995.

NIETZSCHE, Friedrich. *Escritos Sobre a História*. In: Melo Sobrinho, Noéli. (org.). Rio de Janeiro: Ed. Loyola, 2005.

NIETZSCHE, Friedrich. *Sobre a Utilidade e a Desvantagem da História para a Vida*. São Paulo: Editora Hedra, 2017.

RICARDO, Thiago Vidal. *Bartleby e a Fórmula*. Curitiba: Editora CRV, 2023.

RICARDO, Thiago Vidal. *O Anti-Édipo e o Problema Fundamental da Filosofia Política em Deleuze e Guattari*. Curitiba: Appris, 2022.

TARDE, Gabriel. *Monadologia e Sociologia*. Petrópolis: Editora Vozes, 2003.

THEMUDO, Tiago Seixas. *Gabriel Tarde*. Sociologia e subjetividade. Rio de Janeiro: Relume-Dumará, 2002.

VANDENBERGHE, Frédéric. Ser ou Não Afetado? Debate sobre a virada afetiva. *Blog do Labemus*. Nov. 2. 2017. https://blogdolabemus.com/2017/11/02/debate--ser-ou-nao-ser-afetado-por-frederic-vandenberghe Acesso em: 04 maio 2023.

VANDENBERGHE, Frédéric. *Teoria Social Realista*. Um diálogo franco-britânico. Rio de Janeiro: IUPERJ, 2010.

VARGAS, Eduardo Viana. *Antes Tarde do que Nunca*. Gabriel Tarde e a emergência das ciências sociais. Rio de Janeiro: Contra Capa, 2000.

VIVEIROS DE CASTRO, Eduardo. O perspectivismo é a retomada da antropofagia oswaldiana em novos termos. In: SZTUTMAN, Renato (Org.). *Eduardo Viveiros de Castro*. Rio de Janeiro: Beco do Azougue, 2008.

VIVEIROS DE CASTRO, Eduardo. *A Inconstância da Alma Selvagem e outros ensaios de Antropologia*. São Paulo: Cosac & Naify Edições, 2002.

WEBER, Max. *Os Fundamentos Racionais e Sociológicos da Música*. São Paulo: Edusp, 1995.

WEBER, Max. *A Ética Protestante e o Espírito do Capitalismo*. São Paulo: Editora Pioneira, 1999.

ZOURABICHVILI, François. *Le Vocabulaire de Deleuze*. Paris: Ellipses, 2003.

O ESPELHO. A (DES)CONSTRUÇÃO DA SUBJETIVIDADE EM UM CONTO DE MACHADO DE ASSIS.

*A ordem social e humana nem sempre se alcança
sem o grotesco, e alguma vez o cruel.*
Machado de Assis.

Ação e estrutura

O conhecimento científico, não raro, encontra interseções nas artes e na filosofia, ecos que ressaltam a singularidade do pensamento em todas as suas manifestações.[10] A obra literária de Machado de Assis é um exemplo de perspicácia psicológica, tensão filosófica e crítica sociológica, apresentando-se como corpo repleto de pontos de fuga cognitivos que desafiam o leitor mais atento.

Meu objetivo, neste texto, é buscar destacar os ecos – e por que não, as sugestões – de parte do que supomos ser uma pequena demonstração de teoria social implícita em um conto machadiano: "O Espelho. Esboço de uma nova teoria da alma humana" (MACHADO DE ASSIS, 1998). Se ficção e sociologia são intercambiáveis, isto se deve ao fato de possuírem o mundo social como referência (BOURDIEU, 2002). Não pretendo afirmar ou mesmo supor que a arte faz o trabalho da ciência ou vice-versa, ou que Machado de Assis produzia teoria social antes mesmo de esta ter-se consolidado como tal no mundo, mas apenas apontar as possíveis instâncias e reverberações entre estes tipos de atividade intelectual.

O problema crônico da teoria social, a saber, a construção do objeto sociológico a partir da ação individual (subjetivismo), ou das estruturas (objetivismo), e a tentativa de resolução deste paradoxo, ou seja, sua síntese (BERGER, 1972; BERGER; LUCKMANN, 2004; BOURDIEU, 1989;

---

[10] - Pensamento aqui é entendido como processo de busca constante de apreensão do universo; recortes cognitivos que conferem um sentido ao caos como sugerem Deleuze e Guattari (1992, p. 254): "Pensar é pensar por conceitos [filosofia], ou então por funções [ciência], ou ainda por sensações, [arte] e um desses pensamentos não é melhor que outro, ou mais plenamente, ou mais completamente, mais sinteticamente 'pensado'". Estas três dimensões, por vezes, produzem intersecções, pontos de cruzamento, espaços compartilhados, ecos. São esses ecos que buscamos neste trabalho.

GIDDENS, 1991; PARSONS, 1999; DOMINGUES, 2001; 2004; COLLINS, 2004; LIEDKE, 2007; VANDENBERGUE, 2010), parece surgir no destaque que a prosa machadiana confere à potência da ficção enquanto pensamento (DELEUZE; GUATTARI, 1992; SHNAIDERMAN, 1994; PELOGGIO, 2005). O conto principia com cinco amigos debatendo a natureza da alma, sendo que um deles, justamente a personagem principal –, um homem abastado, "inteligente, não sem instrução... astuto e cáustico" (p. 28) –, denominado Jacobina, recusa-se a discutir a respeito de qualquer assunto, dizendo que: "a discussão é a forma polida do instinto batalhador, que jaz no homem como uma herança bestial [...]" (p. 29). No início o autor aborda o que para ele significa o aspecto dúbio, dicotômico e mesmo trágico da mente ("da alma humana") incapaz de produzir uma conciliação lógica absoluta, o que se verdade fosse, inviabilizaria, por exemplo, a dialética hegeliana[11] (LÉVI-STRAUS, 1974; DERRIDA, 1976; VERNANT, 1976; HEGEL, 1978; DELEUZE, 2000). Em Machado de Assis, esta dualidade presente na polêmica é imanente, partindo das relações sociais para as representações e vice-versa, constituindo-se como a própria condição humana, posto que sua solução estaria restrita tão-somente a um suposto mundo sobrenatural (metafísico) e, portanto, apenas imaginada, pensada ou representada. Destarte, apenas "os serafins e querubins não controvertiam nada, e aliás, eram a perfeição espiritual e eterna" (p. 29), de acordo com a personagem Jacobina.

Esta mesma dualidade lógica e prática considerada inerente ao pensamento poderia ser encontrada na análise que Émile Durkheim e Marcel Mauss realizaram sobre o totemismo, a qual destaca que a dinâmica do raciocínio, e, por conseguinte, do processo classificatório, só é possível porque através das classificações produzidas coletivamente, e a princípio, binariamente, por intermédio da concepção de sagrado (inclusão) e profano (exclusão), o ser humano estabeleceria hierarquias, organizando o pensamento e a realidade.[12] Para o pai da escola sociológica francesa, o homem também seria composto por duas dimensões inseparáveis: a interior (mental) e a exterior (social), sendo que a primeira teria inscrita em sua realidade

---

[11] - É notória a influência da filosofia de Arthur Schopenhauer no pensamento machadiano, sustentando assim, o anti-hegelianismo do escritor brasileiro (NUNES, 1989; SUELEN, 2017).

[12] - Machado de Assis remete a esta estrutura inescapável quando sugere a existência de hierarquia nos céus ao referir-se a serafins e querubins (p. 29). Desta forma, alude ao fato de que todo sistema simbólico tem por alicerce a classificação, e, assim, a *diferença*; esta certamente não implica necessariamente a desigualdade, embora o sentido metafísico dominante na filosofia ocidental seja propenso a subsumi-la à identidade desdobrando, sob o disfarce dialético, a reprodução do desigual e não daquilo que difere. (DUMONT, 1997; DELEUZE, 2000; DERRIDA, 2004; FAUSTO, 2008; BOURDIEU, 2020).

a plenitude da segunda, mais especificamente; e a segunda produziria os processos lógicos, classificatórios e representacionais da primeira (DUR-KHEIM; MAUSS, 2001; LÉVI-STRAUSS, 2002; 2012, p.p.25-34).

No conto, percebe-se a similaridade de concepções quando Macha-do-Jacobina diz: "a perda da alma exterior implica [a perda] da existência inteira" (p. 30). A afirmativa está diretamente relacionada à visão da dualidade da alma humana na qual o indivíduo e a pessoa apresentariam dois lados, interior e exterior, sendo que o último conferiria a consistência do primeiro, permitindo a este a articulação de uma pluralidade de papéis que, por usa vez, articulados reproduziriam ou manteriam o primeiro. Esse processo apenas seria possível porque a estrutura social, empírica e simbólica, estaria perpassada por relações de poder diretamente referidas às articulações epistêmicas ou estruturantes da realidade social (FOUCAULT, 1993; LÉVI-STRAUSS, 2002; BOURDIEU, 2000; 2005; 2020; ROLNIK, 2021).

A *persona*[13] é comparada a legiões (em alusão a passagem do evangelho de S. Mateus), insinuando que os papéis sociais, e consequentemente, as personalidades, são articuladas – com maior ou menor reflexividade[14] – em conformidade com as circunstâncias sociais que se apresentam no drama da vida cotidiana:

> Por minha parte conheço uma senhora... que muda de alma exterior, cinco, seis vezes por ano. Durante a estação lírica é a ópera; cessando a estação a alma exterior substitui-se por outra: um concerto, um baile do Cassino, a Rua do Ouvidor, Petrópolis...
>
> – Essa senhora é parenta do diabo, e tem o mesmo nome: chama-se Legião... (p. 31).

Jacobina-Machado parece sugerir que a *persona* é construída pelas relações ou interações sociais, nas quais algumas vezes o indivíduo manipula estrategicamente suas identidades (papéis na estrutura social) para tentar

---

[13] - O termo relaciona-se aos estudos de Mauss (1974a) sobre a invenção das categorias de "eu" e "pessoa". De acordo com o autor, a concepção de persona na maioria das culturas antigas e não ocidentais estaria relacionada ao papel investido circunstancialmente e socialmente pelo agente. Ele usaria uma máscara – este é o sentido da categoria *persona* - ou articularia e associaria devires que manifestariam por sua vez a classificação social e sua consequente hierarquia anterior ao agente. Marylin Strathern (2014) ressalta como a cultura melanésia não concebe a ideia de indivíduo, mas percebe as pessoas como construção social permanente e (trans)formadora do *multivíduo*, da mesma forma Viveiros de Castro (2012).

[14] - Lacan (1998), em seus escritos sobre a fase do espelho, destaca o momento em que a criança se percebe no Outro, construindo sua identidade interior (função do eu) pelo exterior (fora) em uma relação complementar. De forma similar, Mead (1963) criou o conceito de *eu–espelho* para tentar dar conta do aspecto interativo e, portanto, social, da construção do *self*. (*cf*. Domingues, 2001, p.p. 21-35).

realizar seus intentos e desejos em diálogos consigo mesmo ou face-à-face com outros (ARCHER, 2003; GOFFMAN, 1984), o que, conforme Mauss (1974a) nos faz lembrar o sentido da palavra *persona* em latim: *máscara*. Essa articulação do papel social e sua relação com a subjetividade está, por sua vez, diretamente relacionadas às dimensões socioculturais nas quais este indivíduo está inserido; sua estrutura de personalidade ou subjetividade, *grosso modo*, está adequada ao sistema cultural ou simbólico no qual está inserida, sendo as dimensões desejantes da pessoa diretamente associadas a esse sistema simbólico, para usar uma linguagem parsoniana. Ou, em outros termos, "as estruturas estruturantes" estruturam as ações e volições da persona enquanto são "estruturadas" (reproduzidas) pelas próprias práticas dos agentes sociais e seus desejos, sendo as formas de (dis)posição do mundo e no mundo inscritas pelas relações sociais no inconsciente individual. Por conseguinte, a *práxis* social é produzida por intermédio da inconsciente interiorização, por parte do indivíduo, da exterioridade (das estruturas objetivas) e exteriorização – em sua vida cotidiana empírica (prática) e simbólica – dessa mesma interioridade (estrutura subjetiva) absorvida pela socialização. Esse processo, constitutivo daquilo que Bourdieu denomina *habitus* (1972, p. 172), permite a reprodução das estruturas simbólicas e práticas constitutivas das sociedades com suas ordens, hierarquias e desigualdades características. Não sendo, no entanto, um processo mecânico, essa dinâmica sempre está aberta a negociações (táticas e estratégias) da subjetividade com ela mesma e com outras, a avaliações estratégicas do contexto e as constantes percepções de articulações que permitam os indivíduos superar, criar ou subverter situações que os impeçam de atingir seus objetivos ou necessidades, os oprimam ou incomodem por intermédio de diferentes níveis de reflexividade produzidas ou iniciadas por afecções. (DOMINGUES, 1999; BOURDIEU, 2001; DE CERTEAU, 2002; COLLINS, 2004). É fundamental, porém, para o melhor aprimoramento teórico, destacar que não é apenas pela *"tomada de consciência"*, altamente reflexiva, racional e racionalizante que o agente social muda seu comportamento, e, possivelmente, a estrutura social, mas para que esse processo se realize e estratégias e táticas de transformação sejam elaboradas, é necessário que o desejo, os afetos, e, mesmo, as emoções também sejam mobilizadas (ESPINOSA, 1979; HUME, 1980; GUATTARI, 1992; DELEUZE, 2012; LORDON, 2015; RICARDO, 2022). Aqui seria preciso sugerir, - não há espaço para desenvolver aspecto está ligado às transformações sociais, no que denomino de um esquema esquizo, paradigma poiético ou criativo o tema -, o estudo do conceito freudiano de

EXPERIMENTOS: TEORIA SOCIAL *NA* LITERATURA DE JOSÉ DE ALENCAR E MACHADO DE ASSIS

ab-reação e *perlação* tratados também por Lacan e que indicam a importância do analisando reviver os *afetos* e emoções que constituem seu sintoma para transformar sua condição, ou ao menos conseguir com ela conviver, administrando-a (FREUD, 2016; LACAN, 2017).

A (des)construção social da identidade

A personagem Jacobina realiza um périplo sociológico ao demonstrar através da descrição de suas experiências a (des)construção de sua identidade (ou alma interior) dissolvida pela ausência gradativa das relações sociais perpassadas pela estrutura de poder constitutiva da cultura na qual a mesma identidade inseria-se. Sua ascensão social ligada a uma promoção ao cargo de alferes da guarda nacional indica a construção social de sua pessoa, que surge como produto de relações sociais hierárquicas que lhe proporcionam regalias, status, beleza e bens materiais; a identidade ligada a um determinado papel social, enfim:

> Tinha vinte e cinco anos, era pobre, e acabava de ser nomeado alferes da guarda nacional. Não imaginam o acontecimento que isto foi em nossa casa. Minha mãe ficou tão orgulhosa! Tão contente! Chamava-me o seu alferes. Na vila, note-se bem, houve alguns despeitados... e o motivo não foi outro senão que o posto tinha muitos candidatos e que estes perderam... O certo é que todas essas coisas, carinhos, atenções, obséquios fizeram em mim uma transformação que o natural sentimento da mocidade ajudou e completou. O alferes eliminou o homem... aconteceu então que a alma exterior, que era dantes o sol, o ar, o campo, os olhos das moças, mudou de natureza e passou a ser a cortesia e os rapapés da casa tudo o que me falava do posto, nada que me falava do homem. A única parte que ficou comigo foi aquela que entendia com o exercício da patente; a outra dispersou-se no ar e no passado. (p. 32-5).

Com o ritual que institui sua promoção – novo papel – e consequente ascensão social Jacobina sofre uma mudança radical passando de dominado socialmente a pretenso dominante. Essa mudança chega a inebriá-lo, fazendo-o perder o significado anterior de sua condição social, e, por conseguinte, construir suas ações em conformidade com aquilo que o senso comum exige daqueles que representam a autoridade. As estruturas sociais de dominação e de sucesso fazem com que esqueça o sentimento anterior de despossuído de bens e símbolos de status, processo que o levava a perceber-se enquanto peça menor do sistema – dispositivo insignificante. Com a ascensão sua alma interior mudara devido à ação de forças sociais centrípetas: "As dores humanas, as alegrias humanas... mal obtinham de mim uma compaixão apática ou um sorriso de favor. No fim de três semanas era outro, totalmente outro. Era exclusivamente alferes" (p. 35). Jacobina representa um processo no qual a concepção individualista de mundo, - concepção que poderia ser comparada àquela do *self made man* -, com toda sua carga de egocentrismo, orgulho e pedantismo, supostamente meritocrático, acaba por obliterar uma possível solidariedade referida à prática da dádiva e reciprocidade (MAUSS, 1974b; BOURDIEU, 1996).

Todavia, o aspecto paradoxal deste individualismo manifesto, como sugere Machado, é ele associar-se a uma ordem social hierárquica baseada no paternalismo. Um amálgama de holismo e individualismo, típico do Brasil (DA MATTA, 2000) que desemboca nos vários autoritarismos, personalismos, clientelismos e apropriações privadas da coisa pública. A paixão pela máquina do Estado enquanto dispositivo diferenciador de status, presente na cultura brasileira, surge no conto por intermédio do valor dado pela sociedade da época – e ainda hoje – ao emprego público visto desde o *Ancien Régime* como forma de ascensão social, estabilidade e enobrecimento (WEHLING; WEHLING, 2000). O caso do alferes coaduna com a conjuntura histórica do Brasil Império; após a guerra do Paraguai, os militares conquistaram crescente status e participação nos quadros político-administrativos estatais, processo que culminou com a Proclamação da República (RIBEIRO JUNIOR, 1973). Naquela época, havia apenas duas vias para jovens de camadas baixas e urbanas conquistarem um diploma de curso superior, prestígio e a ascensão social a ele relacionado: a via eclesiástica dos seminários, e as escolas técnicas do Exército. Nas últimas, os estudantes se interessavam mais pelo diploma de engenharia e de outras áreas relacionadas ao avanço tecnológico disseminado pela Europa e Estados Unidos que mais propriamente pelo serviço militar (NEEDELL, 1993). Assim, é possível situar sócio historicamente a personagem de Machado de Assis compreendendo melhor as angústias e singularidades de sua época, sem, contudo, descartar a atualidade do conto.

Jacobina viaja para o sítio de uma tia, D. Marcolina, que o adula devido ao seu cargo recém-adquirido. Na casa, além de ser tratado por parentes e escravos com todas as honrarias possíveis, o alferes é presenteado com a peça mais cara da residência: um grande espelho adornado com ouro, madrepérolas e delfins esculpidos que a mesma tia havia herdado de sua mãe, "esta o comprara a uma das fidalgas vindas em 1808 com a corte de D. João VI... [o espelho] era a tradição" (p. 34). Contudo, repentinamente a tia de Jacobina recebe a notícia que uma de suas filhas casada com um lavrador residente a cinco léguas de distância do sítio está à beira da morte, fazendo com que ela, a tia, e seu companheiro se retirem de cena, deixando o personagem principal sozinho com a responsabilidade de administrar terras, animais e escravos. Os últimos, aproveitando a situação e oportunidade, fogem logo após a partida de tia Marcolina, deixando Jacobina na mais completa solidão.

Diante dos sentimentos de angústia e vazio representado pela ausência total de relações sociais, fundamentalmente de subordinados, Jacobina se depara com a decomposição de sua personalidade, ou melhor, com a fragmentação de sua alma exterior, e mesmo com a possibilidade de destruição de sua sanidade, visto que sua alma interior, sua *psiqué* ou subjetividade, sustentava-se pelo papel social por ele exercido. A violência simbólica causada pela ausência de significados positivos de sua imagem conduz o personagem a um estado de letargia, melancolia e quase-morte – ou melhor, sua morte social, se prolongada, ameaça sua vida enquanto ser biológico. É neste momento de total solidão que Jacobina percebe repentinamente sua insignificância diante do mundo. A possibilidade da morte social, leva Jacobina a defrontar-se com a morte de fato, com o vácuo das relações sociais, a sensação do nada e a falta total de sentido e significado da sua existência que se dissolve.

Vale ressaltar que Machado de Assis neste instante evoca um "diálogo do abismo" um "cochicho do nada" (p. 31), reiterando a perda, por parte da personagem, da própria condição humana. Condição possível apenas na forma relacional. O autor parece nos dizer: ser humano é possível a partir e apenas *em* sociedade – relacionalmente; são as ficções coletivas (valores, costumes, regras, formas de perceber o mundo, e, portanto, hierarquizá-lo e nele agir, etc.) que orquestram, organizam e conferem sentido às subjetividades individuais e grupais proporcionando propósitos às vidas pessoais em um processo constantemente conflitivo entre o desejo e suas demandas e as imposições exteriores.

Reflexividade e síntese teórica

A ficção coletiva que é o social deixa de ser ficção por ser coletiva, segundo Bourdieu (2018). Fora do quadro simbólico tecido pelo coletivo, não há possibilidade de vida humana integral. Jacobina torna-se "como um defunto" (p. 38), e diz que viver na solidão é ainda pior que ter morrido (p. 37). Neste instante, existência pessoal e relação social são sinônimos. A certa altura, o que restará de sociedade na vida de Jacobina resumir-se-á aos sonhos; toda a dimensão de sentido de sua vida terá como alicerce as memórias, o imaginário, as dimensões simbólicas inscritas no seu inconsciente sedento de relações sociais:

> nos sonhos fardava-me, orgulhosamente, no meio da família e dos amigos, que me elogiavam o garbo, que me chamavam alferes; vinha um amigo de nossa casa, e prometia-me o posto de tenente, outro o de capitão ou major; e tudo isso fazia-me viver. (p. 39).

Será por intermédio de dois objetos: o espelho, signo da tradição, e a farda, signo da relação social, vínculo da sua persona com o *socius* através da função exercida pelo papel social, que Jacobina começará – após ter encarado o abismo da solidão e o vazio da angústia de ser ninguém ou coisa nenhuma – a reestruturar, ressignificar sua existência. A farda surge no conto como espécie de objeto relacional que permite o personagem manter sua integridade psicológica até o momento de reintegrar-se à sociedade com o retorno das relações sociais ao sítio. Ao encarar-se no espelho (o qual até então não havia sido utilizado), em um primeiro momento, Jacobina não se reconhece, pois havia perdido sua alma exterior e, portanto, sua identidade psicossocial. Apenas quando se lembra de vestir a farda (símbolo da autoridade das estruturas sociais, *par excellence*) diante do mesmo é que sente o retorno de sua subjetividade reconstruída:

> O vidro reproduziu a figura integral; nenhuma linha de menos; nenhum contorno diverso; era eu mesmo, o alferes, que achava, enfim, a alma exterior. Essa alma ausente com a dona do sítio, dispersa e fugida com os escravos, ei-la recolhida no espelho. (p. 42).

A lógica presente nas relações entre os signos que Jacobina articula remete a uma estrutura na qual o espelho está para a alma interior, assim como a farda está para a alma exterior. Espelho e farda são dois termos que se complementam, assim como indivíduo e sociedade; mas nessa adequação, relações de poder se manifestam por intermédio de signos: a farda, símbolo das estruturas empíricas (objetivas) remete diretamente às hierarquias sociais, às desigualdades que produzem e são reproduzidas pelas relações entre os seres humanos. Esta hierarquia se inscreve na dimensão do sistema simbólico, ou estruturas inconscientes (subjetivas). Jacobina sonha e nos seus sonhos seu papel de alferes, de autoridade está presente conferindo significado ao seu ser. Já o espelho constitui-se, não apenas como instrumento que reflete a imagem, mas como a própria subjetividade, a própria alma interior que tem inscrita no seu fundo mais recôndito a exterioridade, o fora. Com efeito, o interior apresentar-se-ia como uma dobra do exterior (DELEUZE, 2007), sendo as situações limite – a percepção da sua plena dissolução e da morte, a angústia, o estar face a face com o vazio, a ausência de sentido e significado da vida – e os *afetos* por ela produzidos, um caminho possível para a manifestação da reflexividade, ou seja, para a percepção da condição trágica viabilizada por um *sentimento crítico* capaz de mobilizar a apreensão do funcionamento das estruturas de reprodução social e o possível desencantamento do mundo delas advindo – uma espécie de *lógica dos afetos*.

É preciso ressaltar que esse mecanismo pode produzir uma dinâmica de readaptação das subjetividades ao contexto que as desequilibrou. Este movimento é aquele que Jacobina realiza retornando ao estado anterior de segurança ontológica sem muito questionar a sociedade na qual vivia. Contudo, essa mesma manobra também pode vir a produzir pensamento transformador, permitindo àquele que a atravessa não ser mais o mesmo de antes, não se adequando mais às dinâmicas inerentes aos papéis sociais anteriores. De qualquer forma, são nestas situações, por intermédio de *afetos* e *emoções* suscitados que surgem possibilidades de mobilização de práticas sociais que permitam a construção de novos territórios subjetivos e mesmo modos de resistências práticas ao contexto social dominante[15].

---

[15] - Lembro do personagem Bartleby de Herman Melville (2017), um escrivão que havia sofrido em um período de sua vida decepções existenciais profundas ao trabalhar nos correios no setor de cartas perdidas (*dead letters office*) que não podiam ser entregues nem devolvidas. Local do qual havia sido despedido. As missivas que lhe caíam diariamente às mãos eram o retrato da miséria, brevidade e falibilidade humanas marcando profundamente sua sensível subjetividade. Em seu novo emprego de escrivão em um escritório de advocacia Bartleby repentinamente resolve paralisar definitivamente suas ações e papel social assumindo a catatonia como sabotagem e protesto. Espécie de ato vazio ou ação sem conteúdo afetando todos no entorno. Ao ser solicitado a fazer suas tarefas profissionais pelo patrão, Bartleby paralisado simplesmente respondia que preferia não realizá-las (*I would prefer not to*), e assim seguiu sem trabalhar – copista que se recusa a copiar - até terminar preso. Na cadeia inicia uma espécie de greve de fome que o leva à morte. Ocorrido que não deixa de caracterizar-se como o grito mudo daquilo que para ele seria a absurda situação humana inicialmente percebida na leitura das cartas

Há também a leitura rigorosa da obra de Bourdieu realizada por Malvezzi. O autor trata os temas da liberdade e reflexividade dos atores relacionadas a uma espécie de *paradigma criativo*, o qual denomina *habitus estético* (2018; 2019) -, enquanto elemento desconstrutor presente naquilo que Bourdieu denomina *habitus clivado* (*habitus clivé*) qual seria a capacidade de transformar, mesmo que de forma negativa, as relações de poder e dominação. É no campo da arte ou nas *subjetividades artísticas* que esse habitus clivado se manifestaria com maior clareza -sendo este campo o *locus* privilegiado para melhor compreende-lo. Malvezzi sugere que o sofrimento existencial ou subjetivo provocado pelo constante deslocamento e profundo incômodo perceptivo de não pertencimento às coletividades e grupos, assim como a falta de sentido produtora da angústia e sofrimento melancólico (dentre outros afetos) desse não pertencimento, seria capaz de viabilizar um tipo de *desarranjo subjetivo contínuo* levando os agentes a assumirem intensa sensibilidade crítica e reflexiva em relação ao contexto e às normas sociais e/ou opressoras. Esta dinâmica sociopsicológica provocaria o surgimento de subjetividades "marcada[s] pelo dilaceramento, pelo sofrimento existencial presente em [suas] individualidades estraçalhadas" (2018, p. 199). No mesmo tom Guattari (1993a, p. 33) apresentou a esfera dinâmica da psicose e seu sofrimento como implicando dimensões pragmáticas semióticas que poderiam remeter a uma responsabilidade ético-micropolítica. Isso não é uma apologia à psicose e ao sofrimento por ela provocado, mas a concepção de que a sua dinâmica ou esquema pode se assemelhar, ao menos no aspecto formal, em criatividade e questionamentos, àquela pertencente ao artista, que se encontra – devido a sua condição específica no contexto social, tanto subjetiva quanto objetiva – em posição de problematizar elementos do real, levando a possibilidade de composição de novas experiências e práticas que venham a afetar as relações sociais. Esses processos estariam relacionados ao engendramento das transformações sociais produzidas pelo que o autor denominou *revoluções moleculares*. Novos modos de desejar que não (re) produzam as relações de poder e dominação.

Os afetos produzidos pelo *habitus clivado* (assim como o processo esquizo) podem arruinar a subjetividade levando a pessoa à loucura completa e mesmo morte; todavia, também podem trazer aos agentes o ímpeto não apenas para a mudança, buscando reenquadrar-se à ordem, mas o descontentamento com a mesma ordem, levando a um devir revolucionário,

---

perdidas entregues ao vazio. Um dos trabalhos atuais mais profundos, inovadores e criativos a respeito do tema encontra-se no livro *Bartleby e a Fórmula* de Thiago Vidal Ricardo (RICARDO, 2023).

e, por conseguinte, a vontade de transformar o mundo ou inventar outras relações sociais o que poderia significar: "transformação da relação com o mundo e consigo mesmo [...] feita aqui e agora [...] Não pela adesão a uma doutrina que justamente não teria mudado a vida dos adeptos, mas pela experiência de uma mudança de si" (LAVAL, 2018, p. 104).

Processo paralelo àquele outro que também Bourdieu (2001) denominou *hysteresis* ou histerese, sintoma do desajuste ontológico-estrutural entre expectativas e necessidades do indivíduo criadas em grande parte pelas relações sociais (subjetividade) e promessas não cumpridas e cobranças que partem das mesmas relações (objetividade). É nessa região de sua obra que é possível conectar um caminho de estudos a respeito da *dinâmica* e da *mudança social*. Malvezzi destaca na *hysteresis* ou histerese outro possível momento de reflexividade sustentado pelo caráter acidental no qual essa condição a desarmonia entre a dimensão objetiva e a esfera subjetiva coloca o agente diante da possibilidades de também ruir psicologicamente (como ocorre no exemplo de *habitus clivado* do personagem Bartleby), levando-o, mais comumente, a busca por articular novas maneiras de se reencaixar na estrutura social (da forma que o faz Jacobina). De acordo com o autor (MALVEZZI, 2018, p.p. 49-50. Grifo meu) no caso da histerese:

> A tomada de consciência e mesmo o esforço de ressignificar o mundo prático, não extingue a cumplicidade ontológica existente entre as disposições incorporadas e o mundo existente (...) *A tomada de consciência torna-se insuficiente para uma verdadeira emancipação, dado o fato de que o habitus permanecerá atuante no sentido de gerar predisposições*, haja vista que está enraizado no próprio corpo – devendo, então, o agente (re)construir os princípios de suas próprias ações e dotá-las de uma nova inércia (...) *reflexividade não é uma garantia de mudança da ordem prática, tampouco da estrutura identitária dos agentes.*

Movimento que sob meu ponto de vista se caracteriza mais como pertencendo à *dinâmica* ou *mudança* e não necessariamente à transformação das estruturas objetivas e subjetivas. O agente busca e deseja se reencaixar no sistema, ter status e ser admirado enquanto autoridade, continuar ou ser admitido no jogo das relações de poder, ser *reconhecido* e respeitado e não transformar as estruturas sociais. Penso que é sobre isso que trata a maior parte da teoria de reconhecimento de Honneth (2008) e a (socio)lógica presente nos movimentos sociais por conquistas de posição e identidade dentro do sistema capitalista. Em geral calcados na histerese esses movimentos não têm por objetivo transformar a hierarquia social, mas conquistar lugar mais elevado nela ou no mínimo oportunidades iguais àqueles que estão no topo dessa hierarquia ou as elites. Não questiono, por motivos óbvios, essas conquistas, contudo, parece que elas demonstram mais a capacidade do capitalismo instrumentalizar as críticas e demandas que a ele se opõem, transformando-as por um lado em mercadoria, e por outro, ampliando um novo mercado consumidor de bens identitários diretamente ligado a essas mesmas demandas.

Porém em relação ao *habitus clivé*, a visão de Bourdieu pode ser aproximada daquela sustentada por Félix Guattari na obra *Caosmose*. Um novo paradigma estético. (1992) – a saber, a proposta esquizóide similar àquela do livro *O Anti-Édipo*, de autoria do mesmo autor em associação com Deleuze (2010) -, qual seja: o niilismo, angústia, melancolia, etc., apresentado pelo *habitus clivado*, se superado, pode possibilitar a busca por parte dos agentes, como ressalto, não apenas de reencaixe nas estruturas, conforme ocorre com a *hysteresis*, mas a resistência e a desconstrução das mesmas por meio da criação de novas práticas e subjetividades produzidas e produtoras de um *paradigma* ou *esquema da criatividade constante*. Estratégias de resistência constituídas enquanto novos modos de existência e não apenas formas de se adequar aos sistema (GUATTARI, 1993, p. 24; BOURDIEU, 1992; 2001; 2005; LAVAL, 2018). Por conseguinte, é possível pensar afetos e desejos, enquanto elementos que não só levam a readequação das subjetividades e práticas às estruturas dominantes ou a dinâmica da harmonização dos conflitos sociais e psíquicos (*hysteresis*), mas também enquanto forças que permitem traçar linhas de fuga, devires esquizo, provocando transformações estruturais e não somente acomodações do *habitus*[16].

Um complexo debate sobre os conceitos de Bourdieu encontra-se na vasta obra de Bernard Lahire, porém não há espaço aqui para essa análise.

---

[16] - Repetindo, pois é importante reiterar, como visto na experiência da personagem de Machado de Assis, o *habitus* apresenta a tendência a reproduzir as práticas constitutivas da realidade social (os campos), pois é dotado de inércia diante das lutas constantes e disputas que compõem a mesma realidade, a qual, por isso mesmo, é propensa à mudança. O processo provoca, então, uma desarmonia ontológico-estrutural, ou seja, o indivíduo é abalado e angustiado, mas devido à força conjuntiva do *habitus* inscrito em seu corpo e mente, busca elaborar estratégias de readaptação às condições dominantes – processo de histerese (*hysteresis*). Nessa dinâmica ele (o habitus) apresenta um caráter niilista preservado; caráter que ao ser superado, no caso do *habitus clivado*, pode possibilitar a reflexividade estética ou capacidade de produzir novas formas de existência, novas práticas. Subjetividade dividida (esquizoide) que pode ser tornar uma maneira de transformação processo aqui denominado, a partir de Guattari, *paradigma da criatividade*.

Vale ressaltar que é no incômodo da angústia provocada por sua situação de morte social que Jacobina pôde articular, mesmo que momentaneamente, sua reflexividade, pensamento crítico, que o permitiu vislumbrar a produção social da sua pessoa e os aspectos inerentes a uma sociedade individualista que esconde – sem nunca plenamente conseguir – a existência de um *multivíduo* (VIVEIROS DE CASTRO, 2002; STRATHERN, 2014) em contraposição a ideologia individualista que sustenta. O indivíduo é assim na verdade um múltiplo, uma dinâmica de *eus* fragmentados, que comporta na sua unidade aparente sua história pessoal e singular associada e produzida por toda a história de sua cultura e estruturas sociais. Nas conhecidas palavras de Marx:

> Os homens fazem sua própria história, mas não a fazem como querem; não a fazem sob circunstâncias de sua escolha e sim com aquelas que se defrontam diretamente, legadas e transmitidas pelo passado. A tradição de todas as gerações mortas oprime como um pesadelo o cérebro dos vivos. (MARX, 1978, p. 329).

Apenas por meio da fuga para esferas interiores (subjetividade) abaladas por afecções (produzidas pela exterioridade ou objetividade) que produzem sua dor existencial, *afetos* e *emoções*, é que o agente se depara com a possibilidade de encontrar uma via de percepção do funcionamento do sistema social com sua carga de ficção e ilusão pesando sobre sua construção enquanto representação e prática, movimento parecido ao devir esquizo apontado por Deleuze e Guattari. É na angústia, melancolia, tristeza, abandono, incomodo, e sentimento de vazio, que Jacobina sente-se coisificado, objeto sem sentido e sem alma, um elemento qualquer, passando a esboçar a percepção de sua existência singular (HEIDEGGER, 2006; BUTLER, 2017), processo que sugere a reflexividade não apenas como escolha racional, mas, também, enquanto elemento referido ao impacto dos afetos, sentimentos e emoções (LORDON, 2015). Reitero que este movimento pode ser uma manobra a possibilitar a aquisição de tipos de subjetivação, formação de novas subjetividades viabilizando o surgimento de formas de relacionamentos sociais, solidariedades focais, novos saberes e práticas, novos territórios subjetivos ou outras racionalidades não racionalistas[17] (GUATTARI,

---

[17] - Afirmo e reafirmo que existem inúmeras *racionalidades*, formas de apreender, classificar, hierarquizar, intervir, transformar o mundo, etc., pertencentes às diversas sociedades e culturas, sendo, todavia, a racionali-

1992; LUZ, 2003; 2019; ROLNIK, 2018) que articulem estratégias de existência com transformações pessoais e sociais e não ameacem destruir a vida humana na Terra.

Este processo talvez ocorra por intermédio da afecção do que Weber denominou *desencantamento do mundo* e falta de sentido da vida sofrida por indivíduos e grupos, levando-os a se depararem com sentimentos desestabilizantes capazes de mobilizar a ação com intensidades positivas ou negativas (WEBER, 1982; 2004; PIERUCCI, 2003) . Essa percepção e tomada de ação que pode levar a mudança de subjetividade e mesmo função social, tanto pode ser do agente subjetivo (pertencer ao registro da individuação, para usar um termo menos metafísico - já que é o multivíduo o cerne do processo), como objetivo; com alta ou baixa carga de percepção reflexiva de suas condições (DOMINGUES, 1999; 2004; PETERS, 2015), mas passando, necessariamente, pelas questões dos afetos e desejos referidos para instantes ou momentos subjetivamente e objetivamente caóticos os quais podem ser fonte de invenção sociocultural ou pessoal, visto que são: "aqueles momentos sociais [...] em que pessoas ou grupos de pessoas são forçadas a se afastar de seu cotidiano irrefletido e pensar, descobrir, trabalhar sobre si mesmas e responder a certos dilemas éticos, *aflições* ou problemas." (ZIGON, 2007, p. 140. Grifo do autor). É preciso frisar que esse é um dos possíveis fatores (detectados indiretamente na arte de Machado

---

dade fundada no cálculo e na explicação abstrata do mundo aquela dominante no Ocidente Europeu. Podendo ser chamada, apesar da tautologia, racionalidade *racionalista*, ou seja, em relação aos outros modos de perceber o mundo e modificá-lo, o ocidente construiu elementos culturais e filosóficos, - pensamentos (racionalismo enquanto *Weltanschauung*), práticas e técnicas-, que associados, tornaram-se, por intermédio do cálculo e matematização metodológica, principalmente após o Renascimento, *ciência e tecnologia*, permitindo o desenvolvimento dos meios concretos de domínio e exploração sobre a natureza, o planeta, outros povos e sociedades. Isso foi possível tão-somente devido a visão de que apenas a razão calculadora apartada dos sentidos, e o método a ela adequado, poderia levar o ser humano ao conhecimento último e verdadeiro de todas as coisas, permitindo-o dominá-las (LUZ, 2019; WEBER, 1997; 2004; SELL, 2012). Consolidando-se na Modernidade essa racionalidade racionalista e sua especificidade buscou, e, ainda busca, expandir seus domínios – hoje também com o auxílio da ciência informática -, extraindo e concentrando riquezas por intermédio da gestão minuciosa da vida dos indivíduos e populações, seus cotidianos, corpos, subjetividades, trabalho, natureza e capital. O uso aqui dos rotulados pensadores pós-estruturalistas posto ressaltarem que o racionalismo ocidental exaltado pelo projeto da Modernidade e calcado na concepção de razão suficiente, não passa de uma forma de racionalidade exaltada. Assim, por exemplo, Foucault (2004. p. 667) escreve: "eu tenho por perigosa a própria palavra racionalização. Enquanto alguns estão tentando racionalizar qualquer coisa, o problema essencial não é investigar se eles obedecem ou não aos princípios da racionalidade, mas descobrir a qual tipo de racionalidade recorrem". Ademais, não basta saber a respeito de como opera a razão capitalista, e continuar operando dentro dos limites epistemológicos e políticos do próprio capital, é preciso buscar outras formas de resistências e linhas de fuga atentando não se cooptar pelo próprio. Como escreve Agostinho (2016, p. 3): "O capitalismo demonstra que não basta para a razão se liberar das amarras do princípio de razão suficiente, [atuando a partir de seus parâmetros,] pois operar [dentro dos movimentos] do capitalismo, ou seja, a partir de axiomas, de normas ou regras flexíveis que podem a todo o momento se reconfigurar [é reproduzir a lógica do sistema]. Construir uma filosofia [ou teoria social e política] renovada implica, portanto, ser capaz de *desmontar a racionalidade racionalista* em vigor no mundo capitalista."

de Assis) das *dinâmicas sociais* – ressalto o termo "dinâmicas sociais", posto nem todo movimento ser positivo ou construtivo, por vezes o oposto ou nem mesmo transformador, como escrevi acima.

Afetos e sua produção de desejos e emoções, tanto coletivas como individuais, devem ser levados em conta quando tratamos dessas dinâmicas (BOURDIEU, 2001; MASSUMI, 2002; COLLINS, 2004; DELEUZE; GUATTARI, 2010; LORDON, 2015), visto poderem descentrar ou desestabilizar estruturas e práticas caracterizadas por baixa percepção dos elementos condicionantes da ação, levando aquele(s) que atravessa(m) concretamente as crises a buscar(em) reorganizar suas dimensões sentimentais, cognitivas, morais, éticas, estéticas e, portanto, práticas. São os acontecimentos sociais que fazem o indivíduo tornar-se sujeito; a mente devém sujeito ao ser afetada; ela não é ativa como uma substância impassível, mas ativada por afecções, acontecimentos que a atingem e com ela interagem conformando sua singularidade. Portanto,

> a subjetividade é determinada como um efeito, [...] se constitui na [mente] sob o efeito dos princípios que a afetam; a [mente] não tem as qualidades próprias de um sujeito prévio [...] Portanto, o que se desvela a partir das afecções é a ideia dessa subjetividade [que toma efeitos como causas. Qualificando] diversamente o espírito como um sujeito.[...] Colocando a ideia na razão, o racionalismo colocou na ideia aquilo que não se deixa constituir no primeiro sentido da experiência [...] De fato, *o espírito não é razão; esta é que é uma afecção do espírito* [...]. *A razão é uma espécie de sentimento* [...,] uma reflexão do sentimento no espírito qualificado." (DELEUZE, 2012, p. 16-21. Grifo meu).

Jacobina-Machado, "astuto e cáustico" (p. 29) foi um exemplo (embora na ficção) de realização de nova subjetivação efetuada pelo experimento de uma situação limite de (des)construção de sua pessoa e mundo. A experiência emocional e afetiva conduziu-o ao entendimento reflexivo de sua individuação, permitindo-lhe suplantar a ideia metafísica de sujeito. Ao se recolher no seu mais profundo eu, o personagem encontra o reflexo do todo social e a percepção que a existência é muito mais – e até mesmo o avesso – do que a rotina desencantada de um sistema social individualista. Sistema calcado na desigualdade que oblitera a criatividade, e, não raro, a possibilidade de realização de novas formas de existência (ENNE, 2005; PELOGGIO, 2005) subsumindo a diferença à ontologia da identidade.

Neste aspecto, vale destacar que Sujeito aqui é concepção típica radicada na metafísica ocidental a qual separa o ser do ente – em outras palavras, um suposto mundo verdadeiro transcendente do mundo dito imanente (de aparências e simulacros), buscando no primeiro a causa do segundo. Arriscamos afirmar que esse processo se constituiu como a história de uma distorção filosófica ao ignorar os aspectos corpóreos e desejantes que sustentam as intenções de todo discurso racional, principalmente o metafísico (ESPINOSA, 1979; CSORDAS, 1994; 1999; BOURDIEU, 2001; MEARLEU-PONTY, 2006; GUYAU, 2009). Esses aspectos levam o ser humano a esquecer o caráter "ilusório" de seu conhecimento (e de toda cultura), fazendo-o confundir a lógica de seu pensamento com a lógica do mundo e a supor a existência de uma identidade atemporal e imutável. A ideia de Sujeito (*hypokeímenon*: algo que se encontra sob o ente) que aparece na Grécia clássica com o surgimento da metafísica e se torna parte das *Weltanschauung* moderna – o *Subjectum* (em latim) –, eleva uma distorção teórica à categoria de conceito. Com efeito, o concepção de Sujeito e Indivíduo reverbera a visão platônica de que tudo aquilo que é material, e, portanto, provisório, apresenta um sustentáculo ideal (espiritual) imutável e imperecível em contraposição ao devir.

Na filosofia cartesiana e kantiana, essa ideia de *Subjectum* adquire arcabouço teórico *racionalista* constitutivo de um agente social autônomo, medida da verdade. Assim em Descartes este sujeito põe o ente à medida que o representa, e, em Kant, surgem os limites deste sujeito que se lança na empreitada de conhecer os entes a partir de elementos racionais individuais e universais (NIETZSCHE, 2002; KAHLMEYER-MERTENS, 2003; DE LA ROCA TAVARES, 2003). Na sociologia esse individualismo reverbera em alguns teóricos da ação acostumados a aproximar a concepção de indivíduo iluminista ou neocartesiano ao processo de individuação presente na tradição pós-romântica alemã representado principalmente por interpretações peculiares da obra de Max Weber. Autores que argumentam a vida social como centrada na ação individual racional quase onipresente – reflexividade ultrarracionalista. Com efeito, misturam, não raro, em suas leituras weberianas por demais acionalistas a abordagem fenomenológico-cartesiana, abrindo possíveis associações com o liberalismo econômico ou com o marxismo analítico da escolha racional ou o individualismo metodológico (SCHÜTZ, 1979; ELSTER, 1994; BOUDON 1995; GARFINKEL, 2018). Embora de suma importância para a sociologia e a teoria social pelas suas abordagens inovadoras no aspecto microssocial mostrando e demonstrando em suas pesquisas de que forma os sujeitos constroem a realidade na qual atuam, não

EXPERIMENTOS: TEORIA SOCIAL *NA* LITERATURA DE JOSÉ DE ALENCAR E MACHADO DE ASSIS

raro, são deficientes em fazer o mesmo quando se trata de mostrar como os construtores dessa realidade são também por ela construídos ou como as estruturas objetivas fazem parte das estruturas subjetivas referidas à agência[18]. Além de ignorarem quase totalmente a força inconsciente dos afetos e desejos capazes de incidirem na ação mais racional com relação a fins possível. No fim é preciso ressaltar que não existe de forma pura, como escreveu Weber, ação racional ou qualquer outro tipo, estando elas na realidade misturadas. O que destaco são gradações de agências que são produtos de afecções, sendo a razão um tipo de afeto controlado, provavelmente o mais controlado de todos.

Por outro lado é também notória a quantidade de críticas ao conceito bourdieusiano de *habitus* como sendo um conceito que não comporta elementos de liberdade ou reflexividade referidos aos indivíduos ou agentes sociais (JENKINS, 1982; ALEXANDER, 1995; DOMINGUES, 2001). Todavia, é, como escrito acima, no conceito de histerese (*hysteresis*) que o autor esclarece melhor a possibilidade de realização dessa liberdade quando relata a ruptura da cumplicidade ontológica (*illusio*) entre dimensões subjetivas (as expectativas construídas pelas estruturas *nos* agentes) e objetivas (quando a situação estrutural não permite *aos* agentes realizarem suas expectativas), ou as incongruências entre as disposições práticas subjetivas e as demandas contextuais objetivas. Processo que pode provocar um desajuste ontológico-estrutural desconstruindo elementos das práticas automáticas e inconscientes, e, assim, exigindo do(s) agente(s) certo teor de reflexividade para reajustar essa defasagem em uma margem de liberdade (BOURDIEU, 2001, p.p. 286-289 *et. seq.*) – movimento realizado por Jacobina que descreve ao menos em parte a *dinâmica* social e não sua transformação.

Esquema poiético ou *ars sociologicae*

Existem muitos paradigmas em sociologia e todos que os propuseram foram, sem dúvida, grandes pensadores, isso sem falar naqueles provenientes de outras áreas. Certo, como quase tudo em teoria social, é que não existe

---

[18] - O argumento aqui não é sobre "liquidar o sujeito", como alguns defensores do individualismo acusam de fazerem os "estruturalistas" e aqueles a quem denominam "pós-estruturalistas", mas sim de analisar as *formações das subjetividades* a exemplo de Foucault (2022, p.p. 25-41 *et.seq.*) que empreende uma história da subjetividade ou genealogia do sujeito moderno. Não é portanto o caso de negar a ação e a reflexividade, mas de ressituar, ressignificar, reinterpretar e reescrever o "sujeito" buscando destacar novas formações subjetivas (*cf.* DUQUE--ESTRADA, 2010, p.p. 3-12; BUTLER, 2017, p.p. 9-38), apontando os exageros racionalistas das interpretações subjetivistas, levando em conta os elementos exteriores, objetivos que participam na formação desse agente e de que forma ele articula dentro dos parâmetros objetivos suas relativas margens de liberdade.

consenso e cada grande teórico propõe a reunião de todos sob sua égide. Alguns consideram como paradigmas o funcionalismo, a sociologia compreensiva e o marxismo, isso sem falar nos seus desdobramentos, outros citam o holismo, o individualismo e o dom, e assim seguimos (CAILLÉ, 2002).

Guattari observando a capacidade humana de transformação de sua própria realidade, – capacidade criativa -, propôs destacar a importância das possibilidades modificadoras das práticas e subjetividades por intermédio do que ele denominou *paradigma estético* (1992). Mais tarde ele mesmo declarou em entrevista o termo paradigma talvez não fosse muito adequado para sua proposta (1993a). Seguindo os passos do autor, escolho a categoria *esquema* para ressaltar com ele a possibilidade de transformação que está presente no próprio devir humano, atravessando todas as realizações da arte, filosofia e ciência. Essa capacidade seria mesmo o ponto de interseção das mesmas e um dos elementos fundamentais da ação, mesmo que raro em sua manifestação (DELEUZE, GUATTARI, 2010). De forma que lembra Parsons –lembra apenas terminologicamente, pois certamente nada tem a ver com Guattari ou Deleuze – o qual utilizou o termo *esquema* para destacar a existência, em todos os sistemas sociais de *funções gerais* (AGIL)[19], prefiro utilizar, apenas nesse aspecto de *função geral*, o termo esquema para generalizar a força criativa e inovadora que atravessa os campos artísticos, científicos e filosóficos, ressaltando de que maneira esse aspecto está ligado às transformações sociais.

Para buscar dar conta dos possíveis processos de criação de novas práticas e subjetividades por parte dos atores sociais, e, por conseguinte, a produção de um capacidade transformadora, *poiética*, é necessário que os agentes sobrevivam a uma situação limite, muitas vezes, experimentando o niilismo, algo que se lhes impõe, desafiando sua existência e coesão psicossocial. Condição específica que jamais é totalmente superada por aqueles que a vivem. Possibilidade essa que ocorre com o processo de histerese (*hysteresis*) que em geral os desequilibra, porém, reencaixando-os no sistema social de acordo com o exemplo da personagem Jacobina. Nesse

---

[19] - Para o autor todo sistema seria caracterizado pelas funções de adequação (A), objetivos (Goals), integração (I) e latência (L). Sendo, no caso do sistema social, muito resumidamente, a adequação referida à economia, os objetivos à política, a integração à dimensão jurídica, e por fim, a latência relacionada à cultura. Esta quatro dimensões deveriam estar integradas para que a ordem social fosse mantida (PARSONS, 1961; LUZ, 1969; LUHMANN, 2016) O que me interessa aqui é o fato de o autor ter construído (embora pensasse ter descoberto), um esquema geral que seria transversal a todas as sociedades – apenas isso, nada mais - o que, por homologia formal levaria a imaginar a criatividade também como transversal e constitutiva das três práticas humanas gerais de conhecimento, arte, filosofia e ciência. Um *esquema poiético* que atravessaria da mesma forma as três dimensões produtivas humanas.

movimento seria possível a percepção de uma ciência artista ou uma *ars scientifica*, e mesmo, *uma ars sociologicae*. Não se trata, de forma alguma de entender o paradigma estético como um modelo que subsume a ciência e a filosofia à arte:

> A arte, no sentido estrito do termo, não é o lugar privilegiado onde o paradigma estético se manifesta ou deveria se manifestar. Como se todas as práticas não-artísticas, como as científicas, estivessem sendo convidadas a perder suas heterogeneidades para tentar se formalizar como arte. O paradigma estético, ao contrário, convida as mais diversas práticas a se recomporem segundo seus próprios valores, naquilo que as práticas possuem de mais próprio. (RIBEIRO, 2019, p. 5).

E o que a ciência, a filosofia e a arte possuem em comum é justamente a capacidade de expressar suas singularidades de forma criativa. Em consonância podemos aproximar o conceito de *habitus clivado* para situar o processo criativo e sua relação com a condição de mal estar perene, desajuste constante, incômodo crítico frequente, que o agente sente e que, por mais que aparente "normalidade" ou adequação aos papeis sociais, se constitui no ato de se perceber como um ser às margens das relações, um peixe fora d'água, um elemento anacrônico e esquizoide ao contexto social em geral (BOURDIEU, 2001; 2005). O *habitus clivado* relacionar-se-ia a produção dos desajustes de valores e práticas em relação a diferentes contextos (campos) e condições de socialização, fazendo dos agentes sociais que o experimentam espécies de trânsfugas de classe, *outsiders* não pertencentes em plenitude, a nenhum contexto específico, de certa forma, inadequados, grupos e observadores críticos do mundo, além de divergentes da maioria[20]

---

[20] - Lembro-me de um texto que circula nas redes sociais que parcialmente exemplifica os tipos denominados "desajustados" denominação que pode ser aproximada àquelas do conceito de *habitus clivado*, com uma típica possibilidade de superação da condição niilista aventada por esta situação. Mas antes é preciso esclarecer que há uma controvérsia sobre a origem deste trecho que dizem ser de autoria de Jack Kerouac, sem apontar a qual parte de seus escritos ele pertence. Outros atestam ser o texto lavra de um marketeiro chamado Rob Siltanen funcionário da empresa Apple . Contudo, o texto de Siltanen é um pouco diferente daquele atribuído a Kerouac quando comparados. De toda forma, seguem os dois breves escritos, o referido a Kerouac: "Aqui estão os loucos. Os desajustados. Os rebeldes. Os criadores de caso. Os pinos redondos nos buracos quadrados. Aqueles que veem as coisas de forma diferente. Eles não curtem regras. E não respeitam o *status quo*. Você pode citá-los, discordar deles, glorificá-los ou caluniá-los. Mas a única coisa que você não pode fazer é ignorá-los. Porque eles mudam as coisas. Empurram a raça humana para a frente. E, enquanto alguns as veem como loucos, nós os vemos como geniais. Porque as pessoas loucas o bastante para acreditar que podem mudar o mundo, são as que o mudam." Segue agora o pequeno escrito de Siltanen: "To the Crazy Ones. Here's to the misfits. The rebels. The troublemakers. Here's to the ones who see the world differently. They're the ones who invent and imagine and create. They're the ones who push the human race forward. While some may see them as the crazy ones, we see

(HEIDEGGER, 2003; BOURDIEU, 2001; 2013; MALVEZZI, 2019). Aqueles que experimentam afetos referidos a essa condição estão em número menor que a maioria e podem manifestar reflexividade singular que não apenas é crítica e readequadora, mas também criativa e criadora. Devir *poiético* ou força plástica (*plastische Kraft*) a respeito da qual escreve Nietzsche, não pautado apenas pelo racionalismo oposto à carne e ao corpo, porém, pela percepção da existência de racionalidades desejantes que movimentam o contexto social. Sendo o devir um elemento criativo, por vezes artístico, em todas suas manifestações, são os corpos e afetos atingidos por todo processo de produção e criação aquilo que forma os movimentos de individuação ou subjetivação. (LUZ; SABINO, 2015; LUZ, 2019; TARDE, 2003).

Para Nietzsche todas as manifestações da vida (sinônimo para ele de vontade de potência ou poder) podem ser criativas, produtoras ou criadoras. Em sua visão, a força plástica ou o devir-artístico, encontrar-se-ia em qualquer instância das práticas linguísticas e sociais; não havendo uma verdade substantiva e última a ser desvelada por um método superior apartado das percepções e dos sentidos – uma verdade a ser "descoberta" (NIETZSCHE, 1978; 1987; 1999). Em Bourdieu essa capacidade de criar, afetivo-reflexiva, é delimitada a certas dimensões da realidade, o *habitus clivado*, que tem seu meio de excelência o campo da arte, sendo este, talvez a instância social produtora do modelo maior de agente reflexivo: o *artista de vanguarda*, crítico, rebelde e descontente (BOURDIEU, 1996a).

Ousando utilizar elementos da perspectiva bourdieusiana para analisar a concepção de Nietzsche, diria que para o último, qualquer instância social conteria possibilidades de produzir agentes transformadores e essa característica não seria apenas relativa ao campo artístico. Sendo a base das transformações as dimensões afetivas, posto que radicadas na vontade de poder, seriam elas virtualmente transformadoras das relações sociais, haja vista que a *criação* é elemento imanente a toda realidade (NIETZSCHE, 1987; AZEREDO, 2003; DIAS, 2011).

É preciso aqui levar em conta os textos de Malvezzi, os quais argumentam que o campo da arte pode servir de modelo para a análise de outros campos, pois enquanto tipo puro ou ideal, ele possibilita ao pesquisador compreender a transformação social e a produção de reflexividade, - posto que os

---

genius. Because the people who are crazy enough to believe they can change the world are the ones who actually do." (SILTANEN, 2011). A respeito desse tema referido a ação transformadora dos "gênios" e sua relação com a sociedade e o contexto histórico no qual estão inseridos e os quais representam os paradoxos, há a incontornável obra de Norbert Elias (1994) denominada: *Mozart. A sociologia de um gênio*.

outros campos não apresentam de forma tão clara quanto o campo artístico os seus ímpetos transformadores (habitus estético). Também é importante comparar essa proposta de Malvezzi (2019) a análise de Nietzsche para quem o campo artístico é apenas *mais uma* das inúmeras manifestações de criação estética – embora a principal; em outras palavras, a arte, assim como as outras dimensões da realidade, seria apenas mais uma manifestação da criatividade transversal a realidade humana (GUATTARI; 1993; AZEREDO, 2003; DIAS, 2011). Processo que nos lembra da mesma forma o conceito de *devir-minoritário* associado a concepção de marginalidade e vida não fascista presentes no pensamento de Deleuze e Guattari e Foucault, condições que permitem àqueles que nelas se encontram traçarem novas subjetividades e práticas, persistências, resistências e linhas de fuga, visões de mundo e comportamentos transformadores em relação aos modelos dominantes ou opressores, abrindo, portanto, brechas na estrutura do sistema social, possibilitadas mesmo por revoluções moleculares[21] (GUATTARI; ROLNIK, 2013, p. p. 149- 223 *et. seq.* MACHADO, 2013, p.p. 206-221).

Desprezando essa discussão sobre a mobilização de desejos e afetos na produção das ações, a teoria social termina por acentuar o racionalismo tornando-se por demais eurocentrada, defendendo direta ou indiretamente, uma perspectiva que a faz desprezar o papel da imanência e da *diferença* nas relações sociais, assim reproduzindo a tradição advinda do platonismo - a qual argumenta que elementos referidos à sensibilidade e a matéria são inimigos do conhecimento verdadeiro sustentado pela razão universal. Repito, portanto, que aqui levo em conta a concepção bourdieusiana que destaca o exemplo do campo artístico como instância adequada para a compreensão da manifestação da rebeldia do *habitus clivado* o qual pode permitir efetividade crítico-criativa, e, portanto, capacidade de transformação social (*Cf.* MALVEZZI, 2019, p.p. 211-217). Utilizando a ideia de *paradigma ou esquema da criatividade* sugerido por Guattari, sustento, com Nietzsche, que este *processo reflexivo-afetivo* não é exclusividade dos artistas ou profissionais do meio das artes, mas um efeito que pode ocorrer (mais intensa ou menos intensamente) em praticamente todas as instâncias sociais, marcando aqueles

---

[21] - A revolução molecular significa os processos que se dão de liberação de fluxos de desejo fora dos padrões modelizados pelo sistema e fora dos padrões impostos na cultura popular tradicional. Tais desejos mobilizam os sujeitos a práticas que não seguem as regras e balizas propostas como referências para a individuação do sujeito de acordo com os interesses do sistema (*cf.* MANCE, 1991, p.5; GUATTARI, 2022, p.p. 20- 38 *et. seq.*).

indivíduos ou grupos que revolucionam suas práticas e representações. Vale destacar, no mesmo diapasão, que arte, filosofia e ciência, embora sendo esferas diferentes dos saberes e práticas humanas (DELEUZE; GUATTARI, 1992), envolvem a capacidade inventiva, criadora e transformadora da realidade (NIETZSCHE, 1987, DIAS, 2011). Essa perspectiva não corrobora, contudo, com o uso das emoções como ferramenta principal de pesquisa qualitativa permitindo ao pesquisador um suposto acesso epifânico às condições subjetivas do grupo o qual ele investiga e experiencia, contudo corrobora com a visão de que o pesquisador é afetado por forças com as quais se depara e relaciona em sua pesquisa (FAVRET-SAADA, 2005, p. 159; GOLDMAN, 2016, p. 127-135).

O que defendo modestamente, de acordo com Espinosa, é a necessidade da pesquisa levar em conta os elementos (as afecções) que provocam os afetos os quais podem mobilizar ou não, os agentes em direção à mudança ou transformação das estruturas sociais. Destarte, a teoria social ainda é reticente em relação a qualquer leitura e interpretação diversa que não se enquadre nos cânones racionalistas o que a faz: 1) pender para um neoindividualismo que apesar de levar em conta aspectos exteriores à ação, ainda radica a mesma em uma *consciência* ou *reflexividade* constantemente modulada e recursiva; 2) Ainda dentro do racionalismo, a teoria social contemporânea dominante, propõe uma espécie de neoevolucionismo ou evolucionarismo, sugerindo determinadas instituições europeias como superiores, produtos de uma suposta esfera social solidária ou reserva de solidariedade livre de relações de poder, racionalmente acessada, visando a emancipação humana (HABERMAS, 2003; HONNETH, 2008; VANDENBERGHE, 2016).

Essa abordagem metateórica, apesar de sugerir a junção de várias perspectivas acaba por sustentar desprezo por pensamentos não radicados no *mainstream* filosófico ocidental, a saber, o perspectivismo ameríndio e aqueles relativos à chamada "virada" afetiva, além de outras tantas "viradas". A oposição a esses pensamentos, não raro, referidos à multiplicidade, a uma nova epistemologia e à diferença, exprime de maneira similar a tradicional recusa ao pensamento ocidental "menor", não ligado à tradição idealista, identitarista e racionalista. Essas perspectivas são rotuladas de pós-estruturalistas, ou pior: pós-modernas[22]; o que inclui as obras de Foucault, Derrida, Deleuze, Guattari e outros, de acordo com Vandenberghe (2017; VANDENBERGHE; CAILLÉ, 2021, p.p. 83-100).

Em relação à *work in progress* e diversificada produção desse autor preciso ressaltar modulações referidas ao seu racionalismo. Embora, a princípio, claramente afiliado a uma espécie de neoiluminismo de fundo hegeliano, seu trabalho com Alan Caillé e o grupo reunido em torno da Revue de M.A.U.S.S., propõe a construção de uma sociologia neoclássica que pretende, sob a égide de uma teoria geral radicada na concepção da dádiva maussiana, a junção das contribuições dos estudos culturais (*Studies*), da filosofia moral e política. Nesse movimento os dois autores postulam que "a sociologia deve ser reflexiva e ao mesmo tempo histórica e pessoal, crítica e existencial, científica e *sentimental* [...] uma sociologia antiutilitarista" (CAILLÉ; VANDENBERGHE, 2021, p.p. 13 e 149-180. Grifo meu). A proposta antiutilitarista busca fundamentar uma *filosofia moral* (esse é um dos problemas) de âmbito universal e normativo, apesar do aspecto "sentimental" estar presente na proposta. Dessa forma, Vandenberghe e Caillé parecem sustentar a pretensão similar àquela de Habermas, para quem

> [os] fundamentos do racionalismo ocidental e sua contraposição às visões míticas de mundo [...] possibilitaria, devido à sua capacidade de descentração e à sua separação entre natureza, cultura e individualidade, a reflexivização da prática cotidiana e, com isso, a formação de uma consciência moral universalista, que garantiria a fundamentação formalista, universal das normas [...] ao atribuir à cultura racionalista europeia superioridade em relação às visões de mundo mitológicas devido à capacidade de universalização daquela, por um lado reforça o sentido colonizador, missionário e messiânico do racionalismo europeu e, por outro, romanticiza o potencial universalista do racionalismo e sua episteme calcada na formalização dos valores (DANNER, 2016, p. 45).

Não compactuo de forma alguma com essa visão de reflexividade, posto a mesma – como bem mostrado – apresentar-se eurocêntrica, racio-

---

[22] - Bruno Latour (1990) argumenta contra o rótulo "pós-moderno" no texto *Post-Modern? No, Simply Amodern! Steps towards na anthropology of scienne*. Embora, sob meu ponto de vista, falhe na interpretação de alguns elementos de *O Pensamento Selvagem* de Lévi-Strauss (2002) principalmente quando argumenta com Jack Goody a respeito da Grande Divisão Intelectual que a obra apresentava, separando por demais o pensamento bricoleur dos nativos em relação ao pensamento "engenheiro" ocidental. Uma exposição acessível da profundidade e amplitude do pensamento de Latour sobre não-modernidade, modernidade e pós-modernidade, pode ser encontrada no artigo de Lima, Ostermann e Cavalcanti (2018).

nalista, evolucionista, e, portanto, altamente etnocêntrica, e, em radical oposição a tudo que a etnografia e etnologia contemporâneas, - cada vez mais próximas das "filosofias menores" ou ditas "pós-estruturalistas" - tem estudado a respeito de racionalidades alternativas divergentes do modelo ocidental *mainstream*. De fato, sigo a ideia de *efetividade*, o que produz efeitos, mais do que de reflexividade relacionada às representações modelares. O conhecimento teórico deve produzir *efeito*, deve *afetar*, aqueles que ele consegue atingir, mobilizando-os, sem necessariamente passar pela busca da Verdade última de todas as coisas.

Por conseguinte, uma sociologia dos afetos se preocupa em estudar e investigar as incidências dos mesmos afetos na ação social aumentando ou diminuindo sua dinâmica, reproduzindo ou transformando a realidade sociocultural, ou seja, aqui a proposta é de uma sociologia que busca interpretar forças sociopsíquicas (produções sociais de subjetividades e vice-versa) constitutivas dos agentes, e, também a forma como os mesmos elaboram (ou não), a partir destes afetos e afecções, uma *racionalidade* própria, percepção do contexto no qual se inserem não se adequando totalmente a ele e buscando modificá-lo – preciso destacar que não há nada de supostamente "irracional" nessa abordagem a qual apenas reitera a necessidade da análise desses elementos da ação, não raro esquecidos por individualistas que parecem assentar na razão soberana e sempre *consciente* as supostas causas das mudanças sociais (COLLINS, 2004; LORDON, 2015).

Considerações finais

Abordagens que se preocupam com os itens formadores das práticas e concepções dos agentes e grupos não deveriam buscar recuperar um ideal eurocentrado, iluminista, evolucionista ou evolucionário e supostamente moderno de sociedade no qual instituições europeias ocidentais, organizações e aspectos morais apresentar-se-iam ainda como matrizes superiores ou evoluídas em relação a outros sistemas sociais não ocidentais, posto a Modernidade ser europeia com valores e práticas supostamente não realizados, ou seja, supostamente pregnante da emancipação humana solidária e universal – do ponto do vista de seus defensores (DOMINGUES, 1999; HABERMAS, 2003; HONNETH, 2008; VANDENBERGHE, 2010; 2015; 2016; CAILLÉ; VANDENBERGHE, 2021, p.p. 15-62). Tudo isso torna-se algo bastante duvidoso se olharmos com acurácia a história dos

EXPERIMENTOS: TEORIA SOCIAL *NA* LITERATURA DE JOSÉ DE ALENCAR E MACHADO DE ASSIS

últimos duzentos anos. Essa argumentação apresenta o grave defeito de retomar em outra roupagem o preconceito disfarçado de *e* pela teoria social ou mesmo ciência.

Mesmo diante da vasta contribuição etnológica produzida pela antropologia ao longo de mais de cem anos, mostrando e demonstrando o oposto dessas afirmações, assim como as contribuições do pensamento decolonial, além das filosofias ocidentais não dominantes, referidas à *diferença*, sem contar as crítica ao antropoceno, capitaloceno, e assim por diante, a teoria social persiste com frequência em manter ou retomar os principais pressupostos equivocados da tradição metafísica ocidental (CORCUFF, 2001). As implicações dessa *racionalidade racionalista* produzem, - apesar do indiscutível brilhantismo de alguns dos seus autores - , abordagens que se recusam a olhar com detida atenção para as estruturas afetivas de outras racionalidades que estão na base de outras ações sociais com suas próprias reflexividades. Isso por se apegarem, (por mais que o neguem), às perspectivas ocidentalocêntricas dominantes citadas.

Parte dessa teimosia e ausência comunicacional entre abordagens diversas das ciências sociais e humanas deve-se, sob minha perspectiva, ao modelo acadêmico vigente no qual grupos de pesquisa, fecham-se em suas investigações e temas como se fossem igrejas, credos ou empresas concorrentes, bem mais interessadas nos possíveis lucros proporcionados pelo produtivismo e relações institucionais hegemônicas ocorridas nas universidade, do que no avanço disciplinar que dizem ou querem praticar, tudo isso formando o que Bourdieu (1989, p.p. 19-54) muito bem descreveu como "monomanias de cátedra", espécie de escolástica universitária voltada para formações de holdings científicas com crenças irredutíveis no pensamento e narrativa de grandes autores os quais são transformados numa espécie de santos incontestáveis. "Empresas" que buscam solidez no campo exigindo de seus "funcionários", colaboradores e seguidores-orientandos, a plena fidelidade teórica aos epônimos, recusando qualquer outro pensamento diferente, e, por conseguinte a transformação das suas práticas.

Penso ser necessário destacar que para além do teor iluminista ou neoiluminista presente na obra de autores que identificam reflexividade apenas enquanto manifestação e conquista da razão (substantiva, comunicativa, solidária, dialética, seja qual for), "tomada de consciência", "emancipação universal" ou "conscientização de classe", e por aí vai, - argumento também utilizado por quase todo espectro político-ideológico, passando por todos os matizes preocupados com a transformação das condições sociais, ou no mínimo, com a dinâmica social reprodutora das estruturas -, repito que concebo a reflexividade como estando necessariamente fundada em afecções e afetos que incidem sob o desejo enquanto constituinte do ser humano aumentando ou diminuindo sua capacidade de ação de acordo com o contexto sociocultural na qual essa ação se insere (ESPINOSA, 1979, p. 213; LORDON, 2015, p.p. 61-89; CORRÊA, 2017, p.p. 2-5; TIBLE, 2022, p.p. 286-317). Há, portanto uma racionalidade sensível, criadora e criativa que pode atravessar todas as práticas humanas de produção de saber e de transformação da realidade, uma *lógica do sensível*, para citar Lévi-Strauss, demandando uma *ars sociologicae* na pesquisa social.

Diante disto enfatizo que é preciso perceber afetos e razões não como separados. Não vejo como possível a mobilização ou a transformação das estruturas sociais ou das máquinas sociais capitalísticas sem que haja atuação *micropolítica* sobre dimensões afetivas e desejantes. Processo que o Marketing e a Propaganda articulam há tempos a favor do capital, mobilizando grupos para o consumo de mercadorias em todos seus aspectos atuais: bens, imagens, relações sociais, anseios, sonhos, utopias, política, tragédias e assim por diante. Um perspectiva consistente de mudança social requer atenção à esfera dos afetos com a constante problematização da relação entre ação e paixões, razão e emoções, subjetivação e relações de poder, separadas apenas por motivo de análise teórica (TARDE, 2003; GUYAU, 2009; DELEUZE; GUATTARI, 2010; BUTLER, 2017; PELBART, 2019; RICARDO, 2022).

Seria contraproducente conceber a reflexividade (ou mesmo a razão dadivosa ou comunicativa) como instância apartada das relações de poder e dominação, e, por isso, portadora da emancipação social e produtora de evoluções societárias, algo supostamente advindo de uma reserva solidária do *mundo da vida*, ainda não contaminado ou totalmente colonizado pela razão instrumental do sistema opressor. Isto posto, Jacobina, a personagem do conto de Machado de Assis, nos mostra o quanto afetos, desejos e emoções são cruciais para as mobilizações, tomadas de decisões, mudanças e transformações empreendidas no mundo pelos agentes sociais enquanto indivíduos ou grupos produtores de um esquema ou paradigma poiético ou criativo.

Referências

AGOSTINHO, Larissa Drigo. A filosofia política de Deleuze e Guattari: crítica da razão e crítica do capitalismo. *Projeto Posdoc*. São Paulo: FFLCH. USP, 2016.

ALEXANDER, Jeffrey. *Fin de siècle social theory*: relativism, reduction and the problem of reason. Londres; Nova York: Verso, 1995.

ARCHER, Margareth. *Structure, Agency and Internal Conversation*. Cambridge, UK: Cambridge University Press, 2003.

AZEREDO, Vânia Dutra. *Nietzsche e a Dissolução da Moral*. São Paulo: Discurso Editorial/ Editora Unijuí, 2003.

BERGER, Peter. *Perspectivas Sociológicas*. Uma visão humanística. Petrópolis; Vozes, 1972.

BERGER, Peter. LUCKMANN, Thomas. *A Construção Social da Realidade*. Petrópolis: Vozes, 2004.

BOURDIEU, Pierre. *Esquisse d'une Théorie de la Pratique*. Gènéve: Droz. 1972.

BOURDIEU, Pierre. *O Poder Simbólico*. Lisboa: Difel, 1989.

BOURDIEU, Pierre; WACQUANT, Loïc. *An Invitation to Reflexive Sociology*. Chicago: University of Chicago Press, 1992.

BOURDIEU, Pierre. Marginalia. Algumas notas adicionais sobre o dom. *Mana. Estudo de Antropologia Social*. PPGSA/UFRJ, Rio de Janeiro, v. II, n. II, p. 7-20. out. 1996.

BOURDIEU, Pierre. *As Regras da Arte*: Gênese e estrutura do campo literário. São Paulo: Companhia das Letras, 1996a.

BOURDIEU, Pierre. *A Dominação Masculina*. Rio de Janeiro: Bertrand Brasil, 2000.

BOURDIEU, Pierre. *Meditações Pascalianas*. Rio de Janeiro: Bertrand Brasil, 2001.

BOURDIEU, Pierre. *As Regras da Arte*. São Paulo: Companhia das Letras, 2002.

BOURDIEU, Pierre. *Esboço de Autoanálise*. São Paulo: Companhia das Letras, 2005.

BOURDIEU, Pierre. *Outline of a Theory of Practice*. Nova York: Cambridge University Press, 2013.

BOURDIEU, Pierre. *A Economia das Trocas Linguísticas*. O que falar quer dizer. São Paulo: Edusp, 2018.

BOURDIEU, Pierre. *Sociologia Geral*. Vol. 1: *Lutas de Classificação*. Curso no Collège de France (1981-1982). Petrópolis: Editora Vozes, 2020.

BOUDON, Raymond. *Tratado de Sociologia*. Rio de Janeiro: Jorge Zahar, 1995.

BUTLER, Judith. *A Vida Psíquica do Poder*: Teorias da sujeição. Belo Horizonte: Autêntica, 2017.

CAILLÉ, Alain; VANDENBERGHE, Frédéric. *Por uma Nova Sociologia Clássica*. Re-unindo Teoria Social, Filosofia Moral e os Studies. Petrópolis: Editora Vozes, 2021.

CAILLÉ, Alain. *Antropologia do dom*: O terceiro paradigma. Petrópolis: Editora Vozes, 2002.

CAMARGO JR., Kenneth Rochel. A Medicina Ocidental Contemporânea. In: LUZ, Madel Therezinha; BARROS, Nelson Felice. (orgs.). *Racionalidades Médicas e Práticas Integrativas em Saúde*. Estudos teóricos e empíricos. Rio de Janeiro: CEPESC/IMS. UERJ/ABRASCO, 2012.

COLLINS, Randall. *Interaction Ritual Chains*. New Jersey: Princeton University Press, 2004.

CORCUFF, Phillipe. *As Novas Sociologias.* Construções da realidade social. São Paulo: Edusc, 2001.

CORRÊA, Diogo Silva. Sobre afetos e a virada afetiva. In: *Laboratório de Estudos de Teoria e Mudança Social - Labemus*. Out. 2017. https://blogdolabemus.com/2017/10/26/sobre-afetos-e-a-virada-afetiva-por-diogo-silva-correa/ Acesso em 11 dez. 2022.

CSORDAS, Thomas. Embodiment and Experience. *In. The existencial ground of culture and self*. Cambridge: Polity Press, 1994.

CSORDAS, Thomas. The body's carrier in anthropology. *In. Anthropological theory today*. Cambridge: Polity Press. 1999.

DA MATTA, Roberto. Estado e sociedade e a casa e a rua. *In*: DEL PRIORE, Mary. *Revisão do Paraíso*. Os brasileiros e o Estado em 500 anos de História. São Paulo: Companhia das Letras, 2000.

DANNER, Leno Francisco. A teoria da modernidade de Habermas e a questão do racionalismo ocidental: uma crítica à cegueira e à romantização do racionalismo. *Cadernos de Filosofia Alemã*. vol. 21. n. 1. 2016. p. 45-72.

DE CERTEAU, Michel. *A Invenção do Cotidiano*. 1. Artes de Fazer. Petrópolis: Vozes, 2002.

DE LA ROCA TAVARES, Maria. Eugênia. A crítica nietzschiana do conceito de identidade. *In*: FEITOSA, Charles.; BARRRENACHEA, Miguel.; PINHEIRO, Paulo. (Org.). *A Fidelidade à Terra*. Rio de Janeiro: DP&A, 2003.

DELEUZE, Gilles; GUATTARI, Félix. *O Anti-Édipo*. Capitalismo e esquizofrenia. São Paulo: Ed. 34, 2010.

DELEUZE, Gilles; GUATTARI, Félix. *O Que é a Filosofia?* Rio de Janeiro: Ed. 34, 1992.

DELEUZE, Gilles. *Empirismo e Subjetividade*. Ensaio sobre a natureza humana segundo Hume. São Paulo: Ed. 34, 2012.

DELEUZE, Gilles. *A Dobra*. Leibniz e o Barroco. São Paulo: Papirus, 2007.

DELEUZE, Gilles. *Lógica do Sentido*. São Paulo: Perspectiva, 2000.

DERRIDA, Jacques. Estrutura, signo e jogo no discurso das ciências humanas. In: MACKESEY, Richard; DONATO, Eugene. (Org.). *A Controvérsia Estruturalista*. São Paulo: Cultrix, 1976.

DERRIDA, Jacques. *Gramatologia*. São Paulo: Perspectiva, 2004.

DIAS, Rosa. *Nietzsche, Vida como Obra de Arte*. Rio de Janeiro: Civilização Brasileira, 2011.

DOMINGUES, José Maurício. *Ensaios de Sociologia*. Teoria e pesquisa. Belo Horizonte: Ed. UFMG. 2004.

DOMINGUES, José Maurício. *Teorias Sociológicas do Século XX*. Rio de Janeiro: Civilização Brasileira, 2001.

DOMINGUES, José. Maurício. *Criatividade Social, Subjetividade Coletiva e a Modernidade Brasileira Contemporânea*. Rio de Janeiro: Contracapa Livraria, 1999.

DUMONT, Louis. *Homo Hierarchicus*. O sistema de castas e suas implicações. São Paulo: Edusp, 1997.

DUQUE-ESTRADA, Paulo César. Derrida e o pensamento da desconstrução: o redimensionamento do sujeito. *Cadernos IHU Ideias*. Ano 8, n. 143. 2010.

DURKHEIM, Emile; MAUSS, Mauss. Algumas formas primitivas de classificação. *In*: RODRIGUES, José Albertino. (Org.). *Durkheim*. (*Col. Grandes Cientistas Sociais*, V. I.). Rio de Janeiro: Ática, 2001.

ELIAS, Norbert. *Mozart*. A sociologia de um gênio. Rio de Janeiro: Zahar, 1994.

ELSTER, Jon. *Peças e Engrenagens das Ciências Sociais*. Rio de Janeiro: Relume--Dumará, 1994.

ENNE, Anna Lúcia. O defensor do indivíduo: Hermann Hesse e o processo de massificação nas primeiras décadas do século XX. *In*: *ALCEU. Revista de Comunicação, Cultura e Política*. Rio de Janeiro, v. 5, n. 10, p. 94-115. jan-jun 2005.

ESPINOSA, Baruch. *Ética*. Col. Os Pensadores. São Paulo: Abril Cultural, 1979.

FAUSTO, Carlos. Donos demais: maestria e domínio na Amazônia. *Mana. Estudos de antropologia social*. Vol.14(2) p. 329-366, 2008.

FOUCAULT, Michel. *Dizer a Verdade Sobre Si*. São Paulo: Ubu Editora, 2022.

FOUCAULT, Michel. Les governement de soi et des autres. In: *Michel Foucault. Philosophie. Anthologie*. Paris: Folio essais, 2004.

FOUCAULT, Michel. *Microfísica do Poder*. Rio de Janeiro: Graal, 1993.

FREUD, Sigmund. Estudos Sobre a Histeria (1893-1895). *Obras Completas.* V. 2. São Paulo: Companhia das Letras, 2016.

GARFINKEL, Harold. *Estudos de etnometodologia*. Petrópolis: Vozes, 2018.

GOFFMAN, Erving. *The Presentation of Self in Everyday Life*. Chicago: Anchor Books, 1962.

GOLDMAN, Márcio. *Mais Alguma Antropologia*. Ensaios de geografia do pensamento antropológico. Rio de Janeiro: Ponteio, 2016.

GUATTARI, Félix. Guattari na PUC. In: *Cadernos de subjetividade*. São Paulo: PUC-São Paulo, nº 1, 1993.

GUATTARI, Félix. O Paradigma estético. In: *Cadernos de subjetividade*. São Paulo: PUC-São Paulo, nº 1, 1993a.

GUATTARI, Félix. *Caosmose*. Um novo paradigma estético. Rio de Janeiro: Ed. 34, 1992.

GUATTARI, Félix. *Desejo e Revolução*. São Paulo: Sobinfluencia edições, 2022.

GUATTARI, Félix; ROLNIK, Sueli. *Micropolítica*. Cartografias do desejo. Petrópolis: Vozes, 2013.

GUYAU, Jean-Marie. *A Arte do Ponto de Vista Sociológico*. São Paulo: Martins Fontes, 2009.

HABERMAS, Jürgen. *Teoria de la Acción Comunicativa*. Crítica de la razón funcionalista. Tomo II. Madrid: Taurus Humanidades, 2003.

HEGEL, Georg Wilhelm. *Fenomenologia do espírito*. Col. Os Pensadores. São Paulo: Abril Cultural, 1978.

HEIDEGGER, Martin. *Ser e Tempo*. I. Petrópolis: Vozes, 2006.

HUME, David. *Investigação Sobre o Entendimento Humano*. Col. Os Pensadores. São Paulo: Abril Cultural, 1980.

JENKINS, Richard. Pierre Bourdieu and the reproduction of determinism. *Sociology*, v. 16, n. 2, p. 270-281, 1982.

KAHLMEYER-MERTENS, Roberto Saraiva. Nietzsche. Metafísica, errância e subjetividade. In: FEITOSA, Charles.; BORRENACHEA, Miguel.; PINHEIRO, Paulo. (Orgs.). *A Fidelidade à Terra*. Rio de Janeiro: DP&A, 2003.

LACAN, Jacques. *O Seminário*. Livro 23: O sinthoma, 1975-1976. Rio de Janeiro: Jorge Zahar, 2007.

LACAN, Jacques. *Escritos*. Rio de Janeiro: Jorge Zahar, 1998.

LATOUR, Bruno. Post-Modern? No, Simply Amodern! Steps towards na anthropology of sciense. *Studies in History and Philosophy of Science*. Vol. 21. n. 1. p.145-171, 1990.

LAVAL, Christian. Foucault e a experiência utópica. In: FOUCAULT, Michel. *O Enigma da Revolta*. Entrevistas inéditas sobre a revolução iraniana. São Paulo: n-1 Edições, 2018.

LÉVI-STRAUSS, Claude. Introdução à obra de Marcel Mauss. In: MAUSS, M. *Sociologia e Antropologia*. São Paulo: EPU/EDUSP, 1974.

LÉVI-STRAUSS, Claude. *O Pensamento Selvagem*. São Paulo: Papirus, 2002.

LÉVI-STRAUSS, Claude. *A Outra Face da Lua*. Escritos sobre o Japão. São Paulo: Companhia das Letras, 2012.

LIMA, Nathan Willig; OSTERMANN, Fernanda; CAVALCANTI, Cláudio. A não--modernidade de Bruno Latour e suas implicações para a Educação em Ciências. *Caderno Brasileiro de Ensino de Física*, v. 35, n. 2, p. 367-388, 2018.

LORDON, Frédéric. *A Sociedade dos Afetos*. Por um estruturalismo das paixões. São Paulo: Papirus Editora, 2015.

LUHMANN, Niklas. *Sistemas Sociais*: Esboço de uma teoria geral. São Paulo: Vozes, 2016.

LUZ, Madel Therezinha. *Fondéments Idéologiques de la Méthode Structurelle-Fonctionnelle*. Dissertação. Université Catholique de Louvain,1969.

LUZ, Madel Therezinha. *Novos Saberes e Práticas em Saúde Coletiva*. São Paulo: Hucitec, 2003.

LUZ, Madel Therezinha. *Natural, Racional, Social*. Razão médica e racionalidade científica moderna. Rio de Janeiro: Edições Livres, 2019.

LUZ, Madel Therezinha; SABINO, César. A pesquisa como prática artística: a razão na prática de investigação como razão artista - uma possível contribuição de Pierre Bourdieu para a área das ciências sociais e humanas na saúde. *Saúde em Redes*. Porto Alegre. v. 1, n. 2. , p. 7-12, 2015.

LIEDKE, Elida Rubini. Breves indicações para o ensino de teoria sociológica hoje. *Sociologias*. Porto Alegre, ano 9, n. 17, p. 266-278, jan./jun. 2007.

MACHADO DE ASSIS, José. Maria. O Espelho. Esboço de uma teoria da alma humana. In: *Contos*. Porto Alegre: LP& M, 1998.

MACHADO, Roberto. *Deleuze, a arte e a filosofia*. Rio de Janeiro: Zahar, 2013.

MALVEZZI, Amarildo. *As Ambivalências do Gosto:* Repensando os limites da teoria bourdieusiana do habitus à luz da dimensão estética. Universidade Federal de Pernambuco. Centro de Filosofia e Ciências Humanas. Programa de Pós Graduação em Sociologia. Tese de Doutorado. Recife: 2018.

MALVEZZI, Amarildo. Estética, Liberdade e Reflexividade: repensando Bourdieu. *Sociologias*. Porto Alegre, ano 21, n. 52, p. 192-219, set-dez 2019.

MANCE, Euclides André. Movimento Popular e Revolução Molecular (in:) MANCE, Euclides André (Org.) *Movimento Popular e Subjetividade* - A Revolução do Cotidiano. *Cefuria, Coleção Cadernos de Textos*, n.10. p. 3-19, Curitiba, 1991.

MARX. Karl. *O 18 Brumário de Luís Bonaparte*. São Paulo: Abril Cultural, 1978.

MASSUMI, Brian. *A Shock to Thought: Expression after Deleuze and Guattari*. Nova York: Routledge, 2002.

MAUSS, Marcel. Uma categoria do espírito humano: a noção de pessoa. A noção do "eu". *In*: MAUSS, Marcel. (Org.) *Sociologia e Antropologia*. v. I. São Paulo: EPU/Edusp, 1974a.

MAUSS, Marcel. Ensaio sobre a dádiva. Forma e razão da troca nas sociedades arcaicas. In: (Org.). *Sociologia e Antropologia*. V. II. São Paulo: EPU/Edusp, 1974b.

MEAD, George Herbert. *Mind, Self and Society*. Chicago: Chicago University Press, 1963.

MELVILLE, Herman. *Bartleby, o escrivão*. Rio de Janeiro: José Olympio, 2017.

MERLEAU-PONTY, Maurice. *Fenomenologia da Percepção*. São Paulo: Martins Fontes, 2006.

NEEDELL, Jeffrey. *Belle Époque Tropical*. São Paulo: Companhia das Letras, 1993.

NIETZSCHE, Friedrich. *O Crepúsculo dos Ídolos*. São Paulo: Companhia das Letras, 2006.

NIETZSCHE, Friedrich. *A Gaia Ciência*. São Paulo: Companhia das Letras, 2002.

NIETZSCHE, Friedrich. *Além do Bem e do Mal*. Prelúdio a uma filosofia do futuro. São Paulo: Companhia das Letras, 1999.

NIETZSCHE, Friedrich. *Genealogia da Moral*. São Paulo: Brasiliense, 1987.

NIETZSCHE, Friedrich. *Sobre a Verdade e a Mentida no Sentido Extramoral*. In: Col. Os Pensadores. São Paulo: Abril Cultural, 1978.

NUNES, Benedito. Machado de Assis e a Filosofia. *Travessia*, Santa Catarina, n. 19, p. 7-23, 1989.

PARSONS, Talcott. An Outline of the Social System. In: PARSONS, Talcott. *et al.* (orgs.). *Theories of Society*. v 1. Nova York: Free, 1961.

PARSONS, Talcott. *El Sistema Social*. México: Alianza, 1999.

PELBART, Peter Pál. *Ensaios do Assombro*. São Paulo: n-1Edições, 2019.

PELOGGIO, Marcelo. Da historicidade: perdas e ganhos na crítica benjaminiana. *Alceu. Revista de Comunicação, Cultura e Política*. Rio de Janeiro, v. 5, n. 10, jan-jun. p.116-128, 2005.

PETERS, Gabriel. *Percursos na Teoria das Práticas Sociais*. Anthony Giddens e Pierre Bourdieu. São Paulo: Annablume, 2015.

PIERUCCI, Antônio Flávio. *O Desencantamento do Mundo*: Todos os passos do conceito em Max Weber. São Paulo: 34, 2003.

RIBEIRO, Vladimir Moreira Lima. O paradigma estético de Félix Guattari. *Griot*: *Revista de Filosofia*. Amargosa – BA, v.19, n.1, p.1-24, fevereiro, 2019.

RIBEIRO Júnior, José. O Brasil monárquico em face das repúblicas americanas. In: MOTTA, Carlos Guilherme. (Org.). *Brasil em Perspectiva*. São Paulo: Rio de Janeiro, 1973.

ROLNIK, Sueli. *Esferas da Insurreição.* Notas para um vida não cafetinada. São Paulo: n-1Edições, 2018.

ROLNIK, Sueli. *Antropofagia Zumbi*. São Paulo: n-1 Edições, 2021.

RICARDO, Thiago Vidal. *Bartleby e a Fórmula*. Rio de Janeiro: Editora CRV, 2023.

RICARDO, Thiago Vidal. *O Anti-Édipo e o Problema Fundamental da Filosofia Política em Deleuze e Guattari*. Curitiba: Appris, 2022.

SELL, Carlos Eduardo. Racionalidade e racionalização em Max Weber. *Revista Brasileira de Ciências Sociais*, vol. 27. p. 154-233, n. 79/ junho 2012.

SILTANEN, Rob. The Real Story Behind Apple's 'Think Different' Campaign. *Forbes*. 14 dec. 2011. https://www.forbes.com/sites/onmarketing/2011/12/14/the-real-story-behind-apples-think-different-campaign/?sh=6678bdae62ab . Acesso em 05 dez. 2022.

SCHNAIDERMAN, Boris. Dostoievski: A ficção como pensamento. *In*: NOVAES, Antônio. *Artepensamento*. São Paulo: Companhia das Letras, 1994.

SCHÜTZ, Alfred. *Fenomenologia e Relações sociais*. Rio de Janeiro: Zahar Editora, 1979.

SUELEN, Jade. *Machado de Assis e Schopenhauer*: as faces da humanidade em Quincas Borba. *Humanidades em diálogo*, 8, p.109-117, 2017. https://doi.org/10.11606/issn.1982-7547.hd.2017.140541. Acesso em 22 de nov. 2022.

STRATHERN, Marylin. *O Efeito Etnográfico*. São Paulo: Cosac Naify, 2014.

TARDE, Gabriel. *Monadologia e Sociologia*. Petrópolis: Editora Vozes, 2003.

VANDENBERGHE, Frédéric. *Teoria Social Realista*. Um diálogo franco-britânico. Belo Horizonte: Editora UFMG, 2010.

VANDENBERGHE, Frédéric. A sociologia como uma filosofia prática e moral e vice-versa. *Sociologias*, Porto Alegre, ano 17, no. 39, mai/ago, p. 60-109, 2015.

VANDENBERGHE, Frédéric. Ser ou Não Afetado? Debate sobre a virada afetiva. *Blog do Labemus*. Nov. 2. 2017. https://blogdolabemus.com/2017/11/02/debate-ser-ou-nao-ser-afetado-por-frederic-vandenberghe/ . Acesso em 04 dez. 2022.

VANDENBERGHE, Frédéric. Cultura e agência: a visão "de dentro". *Sociologias*, Porto Alegre, ano 18, no. 41, jan/abr., 2016. p.p. 130-163. https://www.scielo.br/j/soc/a/3wPBmmwLNCdgKtVxKHmvpKd/?format=pdf Acesso em 22 de novembro de 2022.

VERNANT, Jean Pierre. A tragédia grega: problemas de interpretação. In: MACKESEY, Richard; DONATO, Eugene. (Org.). *A Controvérsia Estruturalista*. São Paulo: Cultrix, 1976.

VIVEIROS DE CASTRO, Eduardo. *A Inconstância da Alma Selvagem*. São Paulo: Cosac Naify, 2002.

WEBER, Max. *Economia y Sociedad*. Mexico: Fondo de Cultura Económica, 1997.

WEBER, Max. *A Ética Protestante e o Espírito do Capitalismo*. São Paulo: Companhia das Letras, 2004.

WEHLING, Arno; WEHLING, Maria José. O funcionário colonial entre a sociedade e o rei. *In*: DEL PRIORE, M. *Revisão do Paraíso*. Os brasileiros e o Estado em 500 anos de História. São Paulo: Companhia das Letras, 2000.

ZIGON, Jarrett. "Moral breakdown and the ethical demand. A theoretical framework for an anthropology of moralities." *Anthropological Theory* 7 (2). p. 131–150, 2007.

ONTOLOGIA E ÉTICA EM JOSÉ DE ALENCAR.

Sobre a árvore do futuro, construiremos nosso ninho.
Nietzsche

Neste capítulo busco realizar uma breve análise de parte do material produzido por José de Alencar o qual ficou inédito por longo tempo sendo recolhido e publicado por Marcelo Peloggio e colaboradores (ALENCAR, 2010; 2021)[23]. A partir da leitura destes textos alencarinos que tratam de ontologia e cosmogonia é possível ser mobilizado (afetado) buscando ultrapassar o niilismo, intuindo o fundo imanente e intensivo da existência e a ética que a ele está relacionada. Dessa perspectiva a literatura do autor cearense torna-se um compromisso com a transformação e a afirmação da vida. Textos que sugerem ligação imediata com a potência diferenciante da existência manifesta em *personagens-devires* e intensidades afetivas, as quais visam mobilizar o leitor em direção a um novo *modus vivendi,* uma nova ética à moda espinosista. Esperança e alegria, aliadas ao compromisso com a alteridade e a transformação da realidade social, emanam dos aspectos trágicos dos textos de Alencar[24]. Procuro aqui destacar, - em escritos que estavam inéditos até o ano de 2010 -, essas dimensões típicas de seu pensamento. Meu propósito é ler uma pequena parte da cosmogonia singular do autor, construída a partir da (re)composição de fragmentos discursivos de ordem científica e mitológica, formando assim um novo quadro narrativo no qual se antecipa uma *ética do indecidível.*

---

[23] - A obra de Alencar, além de vasta, é diversificada em um aspecto que sugere a existência de uma pluralidade de Alencares como escrevem Kozel e Da Silva (2022, p.p. 9-10) a respeito de Darcy Ribeiro: a "obra é [...] uma bricolagem em movimento, a forja trabalhosa de uma equação simbólica instável, [de] formulações provisórias [...] é, em todo caso, uma unidade problemática de propósitos, um itinerário mais ou menos desgarrado, uma voz por meio do qual ressoam ecos de numerosas vozes com as quais a voz em questão conversa, sabendo ou não. Em nenhum caso convém pensar o [..] autor[..] como essência nem sua[..] obra[..] como desdobramento plenamente coerente de um plano inicial." Destarte, a obra de Alencar apresenta diversas possibilidades de leitura sugerindo uma pluralidade de visões não apenas complementares, porém, até mesmo contrapostas e aparentemente contraditórias.

[24] - Trágico não nega as aporias (os becos em saída da lógica e da existência) e antinomias (as respostas ou sentenças contraditórias igualmente aceitas) presentes nas narrativas. A aceitação da vida como ela se apresenta em suas alegrias e tristezas afirmando-a sem esperança de resolução final ou síntese apaziguadora da condição humana (*cf.* VERNANT, 1976, p.p. 285-328; LESKY, 1976, p.p. 17-46).

Peripécia cosmogônica

No início do primeiro fragmento, Alencar (antecipando os estudos antropológicos que se consolidariam apenas no século seguinte) sugere que a mitologia, longe de ser um relato enganoso, é uma espécie de história fundamental – *"história desvanecida"*, que deve ser seriamente considerada como portadora de conhecimento e que necessita ser coligida com "a precisa clareza", quanto mais no que diz respeito às "antiguidades brasileiras", já que o perfil cultural de um povo está mais associado às produções artísticas e literárias do que à natureza que o circunda. No caso do Brasil, não seria possível desconsiderar o papel da cultura e das tradições indígenas na formação das características nacionais, visto ser este elemento já constitutivo dessa identificação (ALENCAR, 2010, p. 27):

> O povo brasileiro é filho do povo português; mas corre em suas veias também um raio de sangue indígena americano. A língua outrora falada nestas plagas ainda serve em uma infinidade de nomes de localidades e produtos. Costumes e indústrias desses primeiros habitantes foram por nós adotados, como o uso da rede, o fabrico de farinha de mandioca, e tantos outros misteres.

Em um prenúncio do exercício daquilo que viria a ser denominado *bricolage* ou *pensamento selvagem*[25],– apreendido em seus estudos sobre os ameríndios –, o autor alinhava um discurso composto por elementos da ciência de sua época, da hermenêutica bíblica e da filosofia, elaborando uma composição textual que preconizava a percepção daquilo que, cem anos depois, Jacques Derrida, buscando contornar a metafísica, cunharia como rastros (*traces*), presentes em toda e qualquer narrativa; Alencar articula esse processo relativizando a ordem do discurso em um projeto inovador para sua época. Ele mesmo denomina essa construção textual de "peripécia cosmogônica" (ALENCAR, 2010, p. 39). Segundo esta abordagem, todo discurso ou relato, além de ser composto por hierarquias, - posto classificar -, e

---

[25] - O pensamento selvagem que opera por bricolagem não se situa atrás ou à frente do pensamento científico moderno, ele trilha uma outra via organizando as contingências sensíveis em sistemas coerentes a partir de propriedades que se prestam a expressão de relações lógicas de forma muito parecida a um caleidoscópio o qual constrói simetrias a partir de pedaços, destroços ou restos pré-existentes e por ele sempre combinados e recombinados. Assim, o pensamento concreto, selvagem, *bricoleur* ou mítico, de acordo com Lévi-Strauss, é todo aquele que sempre opera por meio da experiência do mundo natural formando soluções a partir de elementos deste mesmo mundo, e, não partindo de abstrações conceituais a serem impostas a ele, como em geral faz o pensamento científico racionalista e/ou mecanicista oriundo da metafísica (HÉNAFF, 2000, p.p. 201-205; LÉVI-STRAUSS, 2002; LÉVI-STRAUSS, 2012, p.p. 27-34; CAMARGO JR., 2012, p.p.49-73).

relações de poder, porta elementos ou rastros de outros discursos e relatos, não havendo significados e significantes *em-si*, mas apenas significantes de significantes em uma dinâmica sempre relacional na qual cada elemento "contamina" outro em movimento intermitente. Porém, visto que até mesmo o significante não passa de um lugar ocupado nesse conjunto de diferenças, ele mesmo se torna ilusório enquanto identidade, e, sendo assim, nem mesmo ele – significante – existe em si, mas apenas em relação a outros ou ao devir dos rastros por eles deixados. Em suma: cada "significante", cada termo, cada palavra, discurso ou narrativa, em um determinado sistema ou conjunto qualquer, traz sempre a presença de todos os outros em um fluxo contínuo de disseminação, sendo a *diferença*, portanto, a alteridade máxima (DERRIDA, 2004). Nessa perspectiva, a busca por uma Verdade primeira (*archê*), ou mesmo última, de todas as coisas, se torna empreendimento inviável, já que não haveria Identidade primordial, Sujeito, unidade fixa, mas diferenças, compostas pelo movimento indecidível do *Outro*. Puro fluxo ou subjetivação-identificação evanescente.

Se, nessa lógica estrutural, um elemento só se constitui em relação ou contraposição a outro, esse mesmo *outro* é o fundo em devir no qual navegam as múltiplas perspectivas em sua mesma forma e plena diferença. Seguindo essa intuição, Alencar constrói um mito cosmogônico sem se importar com a busca da suposta Verdade nomotética irredutível, elaborando, em um primeiro momento, uma (des)construção interpretativa com valor de extensão experimental; ou seja, o mito constitutivo do texto de a *Antiguidade da América* e *A Raça Primogênita* – que pode mesmo ser lido de forma complementar – é espécie de *poiésis* articuladora da ordem combinatória do pensamento, sugerindo que operações finitas ("estruturais") dão lugar a variações infinitas (históricas), sendo todo o processo uma espécie de ética não pautada em um modelo definitivo ou prescritivo absoluto. Em outras palavras: se o método serve para construção textual, também se aplica à análise da existência entendida, da mesma maneira, como disseminação ou *escritura*; alteridade irredutível, devir.

A respeito às experimentações como formas de apreensão do mundo, em Alencar podemos destacar sua ironia em relação à crença positivista em, cientificamente, descrever a verdade última da realidade social:

> Penso que o Brasil é o berço da humanidade; e que o Adão da Bíblia, o homem vermelho, feito de argila, foi o tronco dessa raça americana, que supõe degeneração das outras, quando ao contrário é a sua estirpe comum. Eis uma utopia, que

> lisonjeia ao nosso patriotismo, e sobre a qual se eu tivesse tempo escreveria um devaneio arqueológico, só pelo malicioso prazer de mostrar aos antiquários que a imaginação pode reproduzir o mundo pré-histórico da mesma forma e com o mesmo fundamento que eles o fazem. (ALENCAR, [1877] 2010, p. 34 e 79).

É preciso frisar que embora refira-se em geral a um lugar inexistente e quimérico, a utopia apresenta em si uma força passível de ser criadora em contraposição ao aspecto conservador da ideologia, de acordo com Karl Manheim (1986). É um pouco neste sentido que Alencar busca trabalhar criando narrativas que permitam as pessoas sonharem, agenciando seus afetos, mobilizando-as para a esperança de um futuro *diferente*[26]. Para isso o autor articula uma espécie de *paradigma estético*, o qual poderia ser definido enquanto junção, por parte do autor, das suas forças literárias criativas e da analítica social, visando a elaborar, mesmo que de maneira provisória, um conjunto de aspirações e desejos capazes de impulsionar as possíveis ações de formação nacional.

Alencar é um arquiteto de sonhos que forneceriam não somente esperança para os futuros brasileiros, mas visões de mundo que também constituiriam um *sentido* para a formação de uma nação soberana, singular e inovadora no cenário mundial com a qual ele sonhava. Processo intelectual similar o fez Darcy Ribeiro (2006; 2014; 2022), com o que por ele foi denominado *"futurações"*. Na esteira alencarina Darcy foi um exímio construtor de *análises futurísticas*, tanto em suas obras de ciências sociais como na literatura, utilizando, - à revelia do racionalismo que impera na universidade, e, entre muitos intelectuais -, a conjunção entre arte e ciência em um processo no qual se harmonizam para melhor mobilizar ações transformadoras das relações sociais. Essas análises, misturam utopia, no sentido de Manheim, com distopias, buscando equilíbrio interpretativo no qual a desconstrução do futuro a partir da situação crítica do presente

---

[26] - O autor cearense situa-se entre os que usaram a literatura como uma espécie de missão formadora. Não havendo ainda em sua época ciências sociais constituídas enquanto disciplinas acadêmicas, foram majoritariamente os literatos que exerceram o papel de analistas críticos, formadores de utopias e proponentes de reformas institucionais para o Brasil. Em geral, intelectuais a serviço de visões de mundo presentes nas elites e representantes delas, posto que "em nosso país [...] é necessário que a literatura e a ciência, para obterem um momento de atenção, se misturem no turbilhão diário das transações mercantis e dos acontecimentos políticos desta grande cidade [o Rio de Janeiro, então capital do Império]." (ALENCAR, 2021, p. 173). Destarte, até, mais ou menos, a década de 20 do século XX, foi a literatura que assumiu a missão intelectual que as ciências sociais teriam posteriormente, conforme atesta Nicolau Sevcenko (2003) em sua obra Literatura como Missão a qual trata da política e análise social nas obras de Lima Barreto e Euclides da Cunha ambas já na Primeira República.

depara-se com a esperança de melhores condições sociais (KOZEL; DA SILVA, 2022, p.p. 7-41). Este tipo de experimento Foucault denominou "experiência utópica [...] essa vontade de ser outro do que se é, uma forma concreta, precisa organizável em um movimento político." (2019, p. 25)[27].

Similar a Darcy, porém bem antes, Alencar também apostou na inteligibilidade plural, (tanto em sua teoria como metodologia), na qual não se encontra preocupação com uma única verdade fundante ou realidade absoluta, ou sujeito da História, na qual o leitor prescinda da riqueza experiencial, já que o mesmo não está limitado nem pela depuração dos signos nem pela densidade redundante de um desempenho direto, em outras palavras, nesse movimento retórico, não há necessidade de radicar o entendimento em um elemento fundante, entonação primordial ou constituição arquetípica. Trata-se de uma busca literário-científica por um *processo fabulador* ou força plástica (*plastische Kraft*) na qual o receptor e o emissor compreendem os relatos de forma livre, ordenando um conjunto de narrativas distintas, artísticas e científicas, porém articuladas e misturadas visando a produzir ações transformadoras (CALÁVIA-SAEZ, 2008) em um processo estético-sociológico, artístico no sentido de criativo e criador. Essas narrativas concernem a séries temporais e factuais ocorridas e marcadas pela singularidade. Todavia, essa abordagem radicada na preocupação com as singularidades e diferenças nacionais, não perde em momento nenhum a noção da totalidade: "cada um dos períodos [temporais] deve representar a faceta do prisma histórico" (ALENCAR, 2010, p. 26). Em suma: Alencar antecipa, de certa forma, o esboço de uma nova história antes mesmo da *Nouvelle Histoire* (PELOGGIO, 2004), dividindo em séries, conjuntos e descontinuidades os estratos temporais, que passam a constituir uma entidade específica com cronologia própria[28] – para isso questiona mesmo o sentido de documento, apontando para a narrativa mítica (e aí podemos perceber também um prenúncio da História Oral) como base para análise do presente, além dos documentos escritos, que não caberiam como instrumentos interpretativos de sociedades ágrafas como as ameríndias[29].

---

[27] - Esta forma de abordagem surge pela primeira vez com o obra de Nietzsche relativa à História. Obra na qual o autor analisa os tipos de história e suas relações com as mobilizações de agentes e subjetividades contribuindo para a manutenção do niilismo ou, ao contrário, para a expansão da vida (NIETZSCHE, 2005).

[28] - Alencar (2010, p. 23-24) divide a história do Brasil em cinco etapas: Colônia (1500-1549), Estado (1549-1640), 1º Principado (1640-1742), 2º Principado (1742-1815), Reino (1815-1842).

[29] - Destaco a discordância do pensamento do autor em relação a todo tipo de teoria evolucionista presente na teoria social e da história desde o positivismo até as atuais teorias da ação comunicativa de Habermas e reconhecimento de Honneth. Pode-se dizer que Alencar discordaria das teses desses autores por advogarem uma visão da cultura racionalista e eurocentrada como sendo a mais bem desenvolvida, posto que diretamente relacionada

O autor pensa a partir dos rastros deixados pelas diversas culturas e povos que ele faz se combinarem e conjugarem formando um sistema sociocultural passível de futuro promissor. Mas esse futuro também pode não acontecer, posto que absolutamente nada em sua perspectiva, corrobora com a concepção teleológica de história ou progresso social. Se não há universalidade arquetípica também não existe *télos* predeterminado. Consonante Foucault (2019, p. 36. Grifo do autor):

> o que desapareceu foi a ideia [do] século XVIII, isto é, um pouco antes da Revolução Francesa, de que havia um sujeito da história. Esse sujeito da história foi a razão, a humanidade, o Homem, etc. Sabemos [...] que não há um sujeito da história. A história não carrega em si esse sujeito, e esse sujeito não carrega em si a história. Creio que é isso que está se manifestando [enquanto experiência utópica]. Essa espécie de insurreição dos sujeitos que querem mais ser *assujeitados* ao sujeito da história [...]".

De forma similar o pensamento de Alencar não é um pensamento do Uno ou imutável ou das engrenagens e leis da história; "não é um pensamento nem de início e nem de fim, mas de processos de decisões a serem tomadas na urgência que sempre convoca mais do que podemos prever" (RIBEIRO, 2021, p. 54). Por conseguinte, essa perspectiva aproximar-se-ia do que também Foucault propôs ao questionar o que pertence à tradicional concepção de tempo e o que nele se formou, destacando a rasgadura ontológica sem cronologia *em-si* da qual o mesmo tempo seria proveniente (FOUCAULT, 2007). Mas, por outro lado, se os conjuntos ou séries são partes singulares desse tempo (com regimes discursivos e relações de poder próprias), eles mesmos tornam-se elementos de um conjunto maior que poderíamos denominar *devir-tempo*. Um todo unívoco que, conforme Deleuze, se diz da mesma forma em tudo aquilo em que ele se diz, em outras palavras: uma ontologia da diferença sem lugar para qualquer concepção de Identidade ou de Imutável (SCHÖPKE, 2004; 2009). Nesse fluxo *diferenciante* não é o Mesmo que retorna, mas o retornar que é o mesmo (DELEUZE, 1981).

Alencar aproximar-se-ia do que mais tarde conformou escolas historiográficas preocupadas com a duração e a velocidade dos conjuntos formadores de estratos históricos ou temporais, como aquelas defendidas

---

à reflexividade individual e coletiva, que por sua vez, ligar-se-ia ao funcionamento otimizado das instituições democráticas as quais teriam principiado a se consolidar no projeto de emancipação ainda não concluído da modernidade. Alencar enxerga nas instituições ameríndias elementos de sociedades portadoras de uma coesão e solidariedade até mesmo mais sólida que as europeias – ver o último capítulo deste livro.

por Fernand Braudel, Marc Bloch e Lucien Febvre, historiadores dos *Analles* (DOSSE, 1992, p.p.181-194). Se a visão de tempo único de então se desacelera em temporalidades heterogêneas com velocidades próprias, à maneira foucaultiana, elas mesmas não deixam (em sua multiplicidade) de fazer parte de uma totalidade estrutural que se diz na diferença (à moda de Braudel e outros). Esta seria uma possível leitura da espécie de síntese historiográfica esboçada pelo autor de *Iracema*. Com efeito, o autor escreve: "sou historiador à minha maneira, não escrevo os anais de um povo, e sim *a vida* [...]; copio a crônica de um lugar [...] os usos e costumes, [assim] como escreveria as reminiscências de um homem." (ALENCAR, 2021, p. 503). É possível ainda avançar essa discussão alencarina sobre utopia e distopia pensando o futuro enquanto dimensão da ação no presente e utilizando o conceito foucaultiano de experiência utópica como escrevi acima (LAVAL, 2019; FOUCAULT, 2019; AGRELA, 2019). Experiência que difere da utopia, pelo fato de destacar não o aspecto ingênuo algumas vezes nelas presente, por mais mobilizadoras que sejam. A *experiência utópica* não advém das certezas teóricas de matriz hegeliana ou positivista, ela sempre esbarra na força inefável e enigmática da rebeldia e do descontentamento quando as pessoas tomam a decisão de não mais servir, mesmo que essa postura venha a lhes custar a vida – mesmo que não tenham um projeto político elaborado *a priori*. Sentem que vale arriscar sua existência e se confrontar com a morte para buscar a transformação das condições de opressão que sobre elas incide, e a qual elas não mais suportam, assim, construindo a liberdade de escolher a vida que desejam. O conceito pretende depurar o aspecto consolador, e, portanto, ainda conservador presente nas concepções tradicionais apresentando experiência distinta das teorias sociais de influência iluminista e historicista que supostamente detectam na história ou sociedades leis universais ou movimentos necessários de progresso e evolução institucional supondo que agindo de acordo com essas mesmas leis chegar-se-ia a um futuro no qual a emancipação, fraternidade, igualdade, solidariedade, justiça ou qualquer outro conceito inerente às concepções dominantes seriam possivelmente alcançados em um porvir iluminado pela razão crítica (HONNETH, 2003; HABERMAS, 2012).

De forma oposta, Alencar, assim como Nietzsche, parece sugerir que o racionalismo iluminista, e o historicismo advindo dele, produz malefícios para a vida de um povo, sobrepesando seu devir, pois "a história tanto pode [...] contribuir para a elevação da vida quanto fazê-la deteriorar", tornando-se, "sinal de saúde ou de doença" (Melo Sobrinho, 2005, p. 16). Deterioração que ocorre sempre que o olhar do passado faz esquecer o presente tornando a perspectiva de futuro anêmica. O passado deve servir fundamentalmente para a afirmação da presente potência de existir calcada na esperança de um futuro melhor embora incerto. Melo Sobrinho escreve:

> "quando abordamos o passado histórico com o olhar posto no presente e lançado para o futuro, quando buscamos no passado uma exemplaridade do que é elevado e fecundo, quando insto nos inspira os desejos mais longínquos, então, o sentido histórico é útil à vida de um indivíduo, de um povo ou de uma cultura" (2005, p.17).

Em consonância a essa perspectiva a *experiência utópica* de Foucault vai em direção distinta daquela iluminista e historicista, oposta à posição teleológica ou garantista comum em parte da teoria social contemporânea. A experiência utópica é imanente e está sempre no presente, mas absolutamente nada por ela é ou está garantido, a não ser a certeza da luta e da revolta constante, da resistência e rebeldia permanentes na resistência pela construção de um povo por vir. Por conseguinte há perpetuamente em toda parte, razões para não aceitar a realidade como é dada e proposta a nós, conforme diz Foucault, em uma inusitada consonância com o pensamento alencarino sobre um Brasil futuro que deveria e deve ser elaborado no presente. Neste aspecto, lembro de Mauro Almeida (2021, p.p. 10-11) que de certa forma sintetiza o que foi descrito acima:

> toda ação política se dá em uma situação em que há múltiplas alternativas e depende de escolhas ontológicas e éticas. Essas escolhas se referem, com base em estados de coisas presentes, a mundos ideais futuros e possíveis que estão além da experiência imediata, que talvez sejam inatingíveis no âmbito da experiência possível, mas que são guias indispensáveis para a ação que busca novos estados de coisas [...] mundos sociais e cosmológicos alternativos – pode ser que nunca atinja o alvo visado, porque a história não é a realização de projetos, mas o resultado de projetos humanos combinados com circunstâncias e acaso. Assim, ideais de justiça e equidade, de equilíbrio ambiental e permanência de formas podem não ser atingidos plenamente – mas podem ser aproximados por ciclos nos quais a imprevisibilidade jamais deve ser eliminada.

A imanência do tempo

Além disso, se há estrutura, há nela elementos e situações que permitem margens de liberdade, possibilitando a elaboração de narrativas éticas diferentes das dominantes. Alencar trabalha sua visão de tempo, evolução e teleologia a partir dessa perspectiva. Se, nesta percepção, ele utiliza categorias da tradição, o faz, contudo, apenas como roupagem experimentando outros sentidos aos mesmos conceitos. Neles há uma visão imanente na qual a força da vida não só mobiliza o existente, mas é o próprio existir; sendo o tempo interpretado como *matéria em movimento* – temporalidade –, e não como uma entidade, ser imóvel, ou seta ontológica e transcendente que englobaria tudo que existe, mas fluxo intramundano (ELIAS, 1998; BERGSON, 1999; DELEUZE, 1999), a própria imanência em seu fluxo, já que a dualidade espírito-matéria é desvanecida, surgindo como duas categorias circunstanciais que em última instância, apresentar-se-iam como dimensões de um mesmo momento, ou como gradação do denso (matéria) ao sutil (energia)[30]. Essa percepção faz eco com aquela de Nietzsche, para quem "o tempo em si é um absurdo [posto que] não existe tempo a não ser para um ser sensitivo" (NIETZSCHE, s/d, I. 121). Na concepção cosmogônica alencarina, o tempo é o próprio devir; não existe como um ente ou uma coisa, mas como percepção do *vir-a-ser* de todas as coisas. Nesse aspecto, há em seu texto uma ruptura com a metafísica, separando-a da ontologia, pois o ser em Alencar está totalmente liberto da ideia de imobilidade, imutabilidade, transcendência e, portanto, identidade, sendo ele mesmo devir, fluxo, eterna passagem, criação e imanência, "onipotência que tudo abrange [...] não somente supremo e infinito, mas único, original, do qual saem os demais entes" (ALENCAR, 2010, p. 31). Se o ser é tomado como devir, pura imanência e mudança, e se não existe transcendência, não há como pensar o devir como oposto ao ser e o mesmo como oposto ao tempo. O ser, em uma ontologia autêntica, não pode ser nada além do movimento material, ou seja, nada além do devir (DERRIDA, 2004; SCHÖPKE, 2009).

Alencar, em sua mito*lógica*, descreve um mundo cujas formas são precárias e provisórias, embora cíclicas, pois em sua cosmogonia, tendo surgido a humanidade na América, desenvolver-se-ia ela em grandes civili-

---

[30] - Não há espaço neste trabalho para uma discussão a respeito do tempo. Concordo, a princípio, com a leitura de Fornazzari, (2004, p. 44): "A duração é o mais contraído grau da matéria e a matéria o grau mais distendido da duração. Não há mais dualismo entre as diferenças de natureza e de graus pois todos os graus coexistem numa mesma Natureza, e esta Natureza se exprime duplamente: como diferenças de natureza e como diferenças de grau. Não é possível ao espaço, como grau mais distendido do tempo-duração, nem ao tempo, como grau mais contraído do espaço-matéria, adquirirem independentemente um estado de pureza. O espaço não deixa de ser a contração da duração e o tempo não cessa de ser distensão da matéria."

zações na Ásia e se aprimoraria tecnologicamente na Europa, (re)tornando à América para terminar em um apocalipse no qual a combustão destruiria a ordem vigente, dando origem a um novo ciclo do ser em sua manifestação vital. A constância desse movimento denomina-se sociedade, humanidade, culturas ou civilizações as quais são manifestações desse *acontecimento* que é o tempo em suas diversas velocidades[31]. A vida não termina; torna e retorna em diferença - com conteúdo manifestos e singulares. Mas esse (re) tornar é o mesmo em seu diferir. Eterno retorno da diferença que tem sua representatividade no modelo rotativo dos planetas e astros, como mostra a *Antiguidade da América*: "Concorre, pois, toda a civilização para a marcha geral da humanidade, como todo astro entra no grande sistema de *rotação das esferas*" (ALENCAR, 2010, p. 42. Grifo meu).

Perspectiva similar teve Alceu Amoroso Lima, ao também interpretar o pensamento de Alencar sobre o término dos tempos: "espécie de antecipação de um fim *de* mundo, não como fim *do* mundo, mas como uma fase catastrófica da evolução da humanidade. Inspirava-se Alencar numa cosmovisão mutacionista [...] em que [há uma] concepção cíclica da história." (1965, p.p. 63-65. Grifo do autor). Nesse mundo alencarino, onde não existem *seres-em-si*, o "tempo é inseparável do próprio ser; de cada corpo, de cada coisa que existe no mundo e do mundo" (SCHÖPKE, 2009, p. 458). Surgindo como duração da matéria e da vida, o tempo nas narrativas dos fragmentos textuais de Alencar se apresenta como ser, desdobrar de uma meta, e não como *télos* para o nada; ou seja, retorno ao eterno jogo do *vir--a-ser* em criação perpétua dada em um contrair-se e expandir-se:

> Transição natural; no momento em que submergia-se no desconhecido este fragmento do universo, e para regenerar-se nas fontes do abismo, assomava no horizonte da civilização[32] nascente uma terra virgem.

---

[31] - Da perspectiva cibernética todo sistema perde energia passando de estados iniciais de baixa entropia para estados de entropia alta, a existência da concepção de tempo irreversível é exatamente tal passagem. Esse sentimento - da passagem do tempo-, portanto, está diretamente relacionado ao aumento das perdas e dissipações energéticas presentes nas dinâmicas e transformações sistêmicas. O tempo seria uma manifestação direta das mesmas. Todo sistema, inclusive o social, apresenta-se como uma forma de organizar o caos, sendo esse processo conflitivo produtor de desequilíbrios ligados às perdas energéticas desse esforço para se manter. Ordem e acaso, simetria e entropia se interpenetram. A vida é o produto desse processo contraditório que a princípio não tem como ser abolido. A partir de Deleuze diria que a vida é mesmo esse processo e não o produto dele apenas (*cf.* ALMEIDA, 2021, p.p. 201-233; BRÜSEKE, 1991.p.p. 39-67; WIENER, 1968, p.p. 7-12 e 25-43).

[32] - É preciso frisar uma vez mais que para Alencar o conceito de civilização não tem as características evolucionistas ou evolucionárias presente nos autores de sua época (AGRELA, 2019, p.p. 158-160). Podemos aproximá-lo à forma com a qual Bourdieu e Norbert Elias trabalham em suas obras, ou seja, um sistema objetivo de valores,

> Era a hoje velha Europa, então na infância. Aí sim, no tempo das primeiras migrações dos helenos e pelasgos, não havia um monumento levantado pela mão do homem. Os indígenas dessa porção da Terra vagavam ainda no seio das florestas, mais bárbaros talvez que o guarani das matas americanas (ALENCAR, 2010, p. 38).

Ou ainda: "Do seio de uma civilização que se esfacela, rebenta o gérmen da civilização nascente: verdade que envolveu a poesia dos antigos povos no mito gracioso da Fênix" (ALENCAR, 2010, p. 32). O fluxo da duração segue um modelo que vai das coisas aos seres em um eterno repetir-se sempre renovado:

> mas há uma continuidade eterna entre esses resíduos da humanidade gastos na obra do melhoramento e as novas massas ainda intactas que se têm acumulado com o tempo na profundeza das brenhas [...] É a planta ou o animal propagando-se pela semente; a mesma cadeia não interrompida das gerações a refletir-se no mundo moral (ALENCAR, 2010, p. 42).

Nessa cosmogonia, não apenas o planeta Terra é uma unidade – como a princípio atestaria a geologia com o conceito de Pangeia –, mas a raça humana da mesma forma o seria:

> também se compreendem e aceitam, sem repugnância, as afinidades etnográficas e as semelhanças de alguns costumes entre os povos achados na América e muitas das primitivas nações da Ásia e África. Desde que estas derivaram sua civilização do mesmo tronco, devem ter herdado certos traços de família, que se conservam apesar das diferenças notáveis produzidas pelo sucessivo desenvolvimento das ideias, bem como pela diversidade de climas e regiões (ALENCAR, 2010, p.p. 40- 41).

Discordando das concepções plurigênicas racistas tão comuns à sua época, que diziam terem as etnias surgido, separadamente, em regiões distintas do globo, Alencar se coloca ao lado da concepção monogênica, atestando a unidade do gênero humano e concebendo em sua *mitopoiésis* a América como a região na qual apareceu o ser humano:

---

normas, crenças, moral, e assim por diante, que produzem e são produzidos pelas práticas dos agentes sociais os quais ao interiorizarem essa exterioridade, produzem suas subjetividades, a junção dessas dimensões objetiva e subjetiva orquestra o funcionamento corporal e mental da coletividade a qual deve se adequar aos modelos comportamentais que visam a administrar o autocontrole de indivíduos e grupos. Elias fala em evolução, mas não no sentido progressista, posto que ela representa o aumento da regulação e controle dos desejos, não raro, diminuindo a esperança de felicidade individual para proporcionar a ordem social. Neste aspecto, a civilização não representa necessariamente um futuro feliz ou melhor. (ELIAS, 1994, p.p. 21- 46 *et. seq.*).

> o berço da humanidade foi a América; não esta regenerada; mas a primitiva América, tal como saiu da gênese universal. Aqui fez a inteligência animalizada por Deus a sua primeira etapa na Terra. Aqui, nesta terra majestosa que ainda conserva apesar das tremendas convulsões o tipo de sua estupenda magnitude, aqui raiou a luz do progresso[33] (ALENCAR, 2010, p. 38).

Ainda:

> se alguma parte do globo tivesse o direito de reivindicar para si a glória de ser o paraíso terrestre, ou o nosso berço primeiro, seria o centro mesmo da Terra; pois foi aí sem dúvida que Deus colocou o primeiro homem depois que o formou da argila. Essa misteriosa região, cuja sede ainda ninguém designou com certeza, pela a obstinação de a procurar na Ásia, está bem patente na América – é a grande e majestosa cordilheira dos Andes, a espinha dorsal do globo que habitamos (ALENCAR, 2010, p. 43).

A América representaria a unidade humana em seu desdobrar diferencial, ponto de partida e de chegada em um ciclo perene de criação e destruição, a univocidade em toda multiplicidade e o tempo como ser e devir são elementos fundamentais do pensamento alencarino expressos nestes dois fragmentos textuais. A análise dos textos fragmentários sugere que a narrativa é também demonstração daquilo que ela mesma descreve; em outros termos: ao ressaltar a dimensão múltipla do vir-a-ser, o autor o faz em um devir textual pautado pelo caráter fragmentário sem, contudo, perder a noção da totalidade. Poderíamos mesmo afirmar que, se tudo está no texto, é porque tudo está em contexto, conforme a perspectiva derridiana e alencarina. Essa fragmentaridade está relacionada a toda uma obra cíclica na qual Alencar busca abranger todos os matizes da vida nacional e cósmica, individual e coletiva (LIMA, 1965). Como escrevi acima, essa maneira de construir narrativas é um exemplo do pensamento selvagem, produtor de bricolagens, presente nos ensaios do autor. É a partir dos fragmentos postos, repostos e justapostos que o mundo surge como

---

[33] - Como sugere a nota anterior o autor apresenta, nos textos estudados, uma concepção peculiar de progresso, que aparece às vezes invertida – quando ameríndios apresentam relações sociais mais aperfeiçoadas (porque mais solidárias e harmônicas) que os europeus – e, outras vezes, contingente ou em forma de rizoma, sem um centro preciso, indo e vindo à moda das atuais concepções teóricas da biologia, como pode atestar o trabalho de Stephen Jay Gould (2007). Similarmente, Alceu Amoroso Lima (1965, p.62) escreve que Alencar apresentava "uma visão filosófica da História e escatológica do Universo", na qual "o homem das selvas era realmente um fim. Mas um fim que se confundia com um reinício".

> conjunto de partes heterogêneas: colcha de retalhos infinita, ou muro ilimitado feito apenas de pedras [...] o mundo como *mostruário*: as amostras ("espécimes") são precisamente singularidades, partes notáveis e não-totalizáveis que se destacam de uma série de partes ordinárias (DELEUZE, 2008, p. 67. Grifo do autor).

Aqui é sugerida uma operação de libertação da diferença: é porque os fragmentos remetem à ideia de potência como diferenciação imanente, já que toda potência implica aumentos e diminuições, ou seja, diferenças no desenrolar daquilo que está em pauta. Nesse aspecto, o autor coloca a linguagem em plano novo, destacando as intensidades presentes no mundo e no falar sobre o que há no mundo, liberando dessa forma a diferença (ALMEIDA, 2005). Contornando as dualidades metafísicas, toca os limites agramaticais que permitem, revelam e descobrem o gramatical a partir do que seria o *valor x* da estrutura – a misteriosa ausência de sentido que por ser dessa maneira permite a existência do sentido de todas as coisas (DERRIDA, 1975; DELEUZE, 2008). Essa fragmentaridade reveladora de um *devir-outro* se aproxima daquilo que Deleuze escreveu sobre o estilo de Proust, referindo-se à coexistência de pontos de vista singulares no texto e na frase, fazendo-o reivindicar o inacabado. Partes permanecem partes e nada lhes falta dessa maneira, e, se um todo a elas vem se acrescentar é como nova parte composta à parte. Assim, a estrutura formal acaba por se apresentar como conexão não-totalizante de partes ou diferenças (ALMEIDA, 2005, p. 135; DELEUZE, 1987). O texto literário como reflexo da própria diferenciação e disseminação se torna exemplo de sistema intensivo ressoando como manifestação do devir. A narrativa ecoa os sistemas diferenciais que existem no mundo – todo ele também seriado. Diferenças seriais que constituem as próprias séries e diferenças entresseriais que as fazem ressoar umas nas outras, sendo cada qual constituída, relacionalmente, em suas intensidades. Não há, portanto, mediação do Idêntico em Alencar, mas epifania dos rastros inter e entresseriais. Ser e devir, criação e fluxo, parte e todo são elementos de um movimento unívoco seriado e realizado por gradações, que vão de intensidades densas às intensidades sutis; linha transversal produzindo um jogo diferenciante específico, que é ele mesmo fundo imanente capacitador de uma "gênese misteriosa e inescrutável" (ALENCAR, 2010, p. 23). Nesse movimento, Alencar pensa a linguagem fora das figuras da Identidade, e isso ele faz dando direito ao inacabado de surgir em seus textos fragmentários. Essas partes inacabadas surgem em uma bricolagem repleta de

> pedaços de quebra-cabeça que não procedem do mesmo, mas de quebra-cabeças diferentes, violentamente inseridos uns nos outros [...] suas bordas discordantes sempre forçadas, profanadas, imbricadas umas nas outras, sempre com restos. (DELEUZE; GUATTARI, 2010, p. 137).

Isso é perceptível na cosmogonia construída com trechos de discursos diversos – científicos, bíblicos, representacionais, literários, filosóficos; costurados em um "significado" novo com o propósito não de desvendar a Verdade, mas de produzir um sistema intensivo proponente de uma nova ética, calcada na importância da criatividade e na potência do inefável. É o efeito mobilizador da narrativa que importa. É o *pathós* por ele expresso que interessa, ou seja, a capacidade mobilizadora para a ação. A obra alencarina não se manifesta como expressão de um esteticismo niilista, que visa a criticar negativamente o mundo desmobilizando o leitor, mas o contrário, toda ela é perpassada por uma postura filosófica trágica, com intenção de afetar e mobilizar eticamente o leitor.

Em um mundo constituído enquanto movimento constante, processo interminável, no qual as coisas estão sempre *em relação às* outras, o ser humano, como parte do mundo (por ser mundo e só ser no mundo), é percebido enquanto eterno devir – processo aberto para a esperança que se recria constantemente: daí a necessidade de mobilizar a ética como fulcro da diferença, enquanto epifania da alegria. Destarte, a postura de Alencar se aproximada àquela de Nietzsche (1985, p, 43): "o artista trágico [que sofre de superabundância de vida] não é um pessimista, ele diz 'sim' precisamente a tudo que é problemático e terrível". A afirmação alencarina se aproxima daquela do autor de *Zaratustra*, pois tudo é salvo e reconciliado na totalidade, "na volúpia eterna do devir" (NIETZSCHE, 1985, p. 125). Talvez não concordando totalmente com Nietzsche seja possível dizer que paradoxalmente o trágico carrega uma certa tristeza alegre.

Aceitar o devir é acolher a diferença em suas mais trágicas manifestações, superando o aspecto negativo de dualidades tais como dor/alegria, vida/morte, construção/destruição[34]. Destarte, os dualismos são instrumentos provisórios do raciocínio que, ao longo dos textos de Alencar,

---

[34] É preciso perceber que as concepções de tempo não envolvem apenas classificações específicas pertencentes a culturas e sociedades distintas, mas expressa também as relações de poder que essas classificações implicam tanto para o pesquisador que teoriza a respeito do que enxerga na realidade, quanto nas práticas dos grupos sociais (FABIAN, 2013, p.p. 40-61).

se provam inexistentes de fato. Inexistentes porque, se a diferença se diz intensivamente, ela se diz no Todo – univocamente como expressão do ser como pura alteridade. Sendo assim, afirmar a vida na sua plenitude – o que quer dizer aceitá-la em todas as suas manifestações, já que não existe elemento confirmado e identificado pelo seu oposto – é aceitar a existência tal como ela se coloca para a humanidade. Morte/vida, dor/prazer, tristeza/alegria são manifestações e variações intensivas de uma mesma dimensão; forças em um todo que se opõem, se compõem e se decompõem. Dualidades, nesta perspectiva, não existem em sua substantivamente; são ilusões com função classificatória[35]. Portanto, é necessária uma postura diante da vida que articule ações de afirmação buscando as intensidades que aumentem nossa potência de agir, produzindo-nos alegria (ESPINOSA, 1979). Nesse movimento, "a alegria consegue acomodar-se com o trágico, mas ainda, e, sobretudo, que ela consiste apenas neste e por este acordo com ele" (ROSSET, 2000, p. 25).

Superar dualidades e atingir o indecidível e inefável constituinte do devir parece ser a proposta, ou ao menos uma das propostas, dos fragmentos de José de Alencar. Para melhor compreendermos o que isso significa, precisaremos perceber de que maneira a violência das relações classificatórias se realiza nos discursos. Como disse anteriormente, os pares de oposição binária caracterizam-se por articularem uma relação na qual um dos termos se coloca sempre como dominante em relação ao outro termo. Seguindo as abordagens de Derrida, seria necessário operarmos uma inversão dos termos para percebermos como essa relação se dá reproduzindo as hierarquias constitutivas da realidade. Em um primeiro momento, a relação entre fala e escrita seria um exemplo desse aspecto na tradição filosófica ocidental. A escrita estaria, aí, subordinada à fala, sendo essa a dimensão primordial dos significados e sentidos – a subordinação não estaria apenas relacionada ao par fala/escrita, mas a todos os pares, por exemplo: masculino/feminino, belo/feio, rico/pobre etc. Ela, a subordinação, seria consequência do discurso falado, que, segundo Derrida, expressaria a preocupação com a origem, a verdade, o sentido primordial, a presença. Sem embargo, essa dualidade que radica na fala a originalidade e a autoridade verdadeira do discurso não passaria, de acordo com o autor, de uma manifestação metafísica típica do raciocínio ocidental que priorizaria a voz (*phonè*) e o sentido (*logos*), tidos como instância

---

[35] - Segundo Nietzsche (2007, p. 221): "todas as coisas foram batizadas na fonte da eternidade, além do bem e do mal; mas o bem e o mal não são mais do que sombras transeuntes, úmidas aflições, nuvens errantes."

fundamental, em detrimento da escrita. Seguindo esta visão, a tradição de pensamento caracterizar-se-ia como fonologocêntrica e metafísica, pois a diferença, o devir, o fluxo seriam tomados como aspectos ilusórios e menores (cópias malfeitas do significado) típicos do significante.

Mas é preciso também ressaltar que nesse movimento teórico o autor cearense busca uma pedagogia que mobilize enfim, por intermédio de novos valores, a transformação da realidade social proporcionando a criação de uma nova forma de ser humano:

> a essa forma de educação pela idealidade [...] chamamos nós arte para educar. O cultivo dessa forma de arte no autor cearense não faz dele propriamente um educador no sentido estrito, quer dizer, tradicional e técnico do termo -, mas sim o promotor obstinado [e criador] de um ideal para o cultivo e a exposição deste [mesmo ideal], tendo por meta [...] a concretude de um caráter moral [. Assim,] A força poética do texto [...] sustentará o mítico, com a unificação [...] completa [...] entre a natureza, o modo de ser [de um novo ser humano] e o belo artístico construindo um exemplo de cultivo [de novos valores] do homem moral (PELOGGIO; SIQUEIRA, 2019, p.p. 184 e 194).

Espaço vazio

Derrida ressalta que inverter a lógica dos pares (termo dominante/termo dominado) não resolve a questão e não conduz à superação do jogo estrutural. A inversão apenas nos faz reproduzi-lo com os seus termos invertidos. A partir dessa percepção, o filósofo propõe, em um segundo momento, o deslocamento dessas oposições já invertidas. Esse deslocamento – a busca da subversão, mesmo que momentânea, da lógica do sistema ou jogo – estaria, por sua vez, ligado à inversão do par significado/significante, tendo como consequência a apreensão da inexistência de relação hierárquica do primeiro termo em relação ao segundo. Dito de outra forma, se não há significado, *arché*, se a fala não tem primazia em relação à escrita, também não pode haver oposição fundamental ou substancial, mas apenas significantes de significantes, nada mais. Esse devir indicaria a inexistência de qualquer identidade perene, e, mais ainda, se não há um termo dominante também não deve haver qualquer termo dominado, significante qualquer, mas apenas *rastros*. Os elementos do sistema classificatório (ou quaisquer outros, agora entendidos como *escritura*) perdem sua característica de coisa e tornam-se identificações momentâneas – *não-identidades* –, construídas pelo jogo da diferença em uma constante

EXPERIMENTOS: TEORIA SOCIAL *NA* LITERATURA DE JOSÉ DE ALENCAR E MACHADO DE ASSIS

relação de rastros. Um rastro é composto pela passagem de outros rastros *ad infinitum*. Rastros de rastros de rastros no jogo da diferença. Essa desconstrução da estrutura narrativa nos faz apreender a perenidade que atravessa todos os sistemas, fazendo-nos perceber o fluxo imanente da realidade ou, em outros termos, da diferença (*différance*)[36] característica da escritura.

Mas se a desconstrução pretende escapar da metafísica ela também percebe que a *différance* é solidária com a linguagem e, sendo assim, também esbarra na tradição metafísica (DERRIDA, 1970, p.p. 260-277); contudo, não se deixa reduzir a um fundamento transcendente, a uma essência, a uma abstração filosófica, nem a uma experiência fundamental, a um acontecimento único: o diferenciar, o adiar e o diferir-se da diferença – pelos próprios movimentos que a caracterizam – podem apenas ser vistos na infinita e nunca primordial contaminação; ser percebidos nos seus efeitos, no seu diferenciar-se (espacialmente) e diferir-se (temporalmente); sendo assim, ela, a diferença, é disseminação, um quase-transcendental, um quase-conceito, e, por isso mesmo, absolutamente *indecidível* (PECORARO, 2002, p.67).

O indecidível, conceito retomado por Derrida do teorema demonstrado, em 1931, pelo matemático e lógico Kurt Gödel[37] sugere que a descons-

---

[36] - Derrida cria o conceito de *différrance*, - colocando o a no lugar do e (*différence*) -, para expressar o sistema de diferenças que constitui a cena da escritura enquanto estruturalidade, sugerindo assim, que o que é primeiro não são coisas em si, substantivas (significantes e significados), mas a *diferencialidade*. Em outras palavras, o significante exprime a função do lugar ou posição (relacional) que ocupa no interior de uma cadeia de significantes no interior de um sistema dado (DERRIDA, 2001). Fora das relações que constituem o sistema o significante nada é, ou é indeterminado, sem significado algum. Vale ressaltar, um significante só se constitui (existe momentaneamente) devido às relações que ele executa com os outros significantes ou em relação ao sistema no qual está inserido. Essa condição remete diretamente à desconstrução das dualidades metafísicas principiando exatamente pelo próprio par significado/ significante. Neste aspecto os pares de oposição binária do estruturalismo não passam de um produto mental, e, portanto, de uma ilusão coletiva. Se não há de fato essa oposição significante/ significado, restam apenas significantes de significantes em um fluxo constante, o que equivale afirmar por último, que mesmo essas duas últimas relações são falsas remetendo o pensamento apenas aos *rastros* (*traces*) que um elemento deixa em outro numa relação de composições mútuas intermitentes. Um texto esclarecedor sobre o tema é o de Paulo César Duque-Estrada (2002, p. 9-28).

[37] - Segundo Gödel: *Teorema 1*: "Qualquer teoria axiomática recursivamente enumerável, e capaz de expressar algumas verdades básicas de aritmética, não pode ser, ao mesmo tempo, completa e consistente. Ou seja, sempre há em uma teoria consistente proposições verdadeiras que não podem ser demonstradas nem negadas". *Teorema 2*: "Uma teoria, recursivamente enumerável e capaz de expressar verdades básicas da aritmética, e algumas verdades de probabilidade formal, pode provar sua própria consistência se, e somente se, for inconsistente". In: The mathematics genealogy project. https://www.mathgenealogy.org/id.php?id=19539 . Acessado em 23/11/2022. Derrida também escreve: "o indecidível não é apenas a oscilação entre duas significações ou duas regras contraditórias e muito determinadas [...] é a experiência daquilo que, estranho, heterogêneo à ordem do calculável e da regra, deve [...] entregar-se à decisão impossível [...] uma decisão que não enfrentasse a prova do indecidível não seria uma decisão livre, seria apenas a aplicação programável ou o desenvolvimento contínuo de um processo calculável (2007, p.p. 46-47). Mas é com Deleuze e Guattari (1980, p. 590. Grifo meu) que o conceito alcança a dimensão que aqui me importa, o que chamamos de "proposições indecidíveis, não é a incerteza das consequências que pertence necessariamente a qualquer sistema [...], é a coexistência ou a inseparabilidade desta com a qual o

trução arrasta-se a si própria aos abismos do paradoxo. Do que não pode ser efetivamente decidido. A estratégia por ela proposta é aleatória, aporética, se auto refutando perenemente. Mas essa perspectiva, embora paradoxal e trágica, *não é niilista*; ao contrário, diante do mistério e do impossível, afirma a vida disseminando uma ética da alteridade e da diferença no jogo infinito dos rastros; em outras palavras, a experiência do indecidível é a experiência do outro, que, assim como o jogo da diferença, é da ordem do acontecimento inesperado e incalculável: justamente por romper, como paradoxo, a ordem da inteligibilidade. O outro é o *espaço vazio*, a *casa-vazia*, o valor x que permite o movimento e a dinâmica do jogo da vida, do *vir-a-ser*, ou devir, realizar-se (DERRIDA, 1970; DELEUZE, 2008a). Nesse aspecto, de acordo com o pensamento de Emmanuel Lévinas (1988), o outro aqui é a alteridade anterior a toda iniciativa, a todo imperialismo metafísico do Mesmo, portanto, devir que não pode ser reduzido à identidade ou ao inverso dela, mas dimensão que faz transbordar essa dicotomia. Por isso mesmo, a alteridade incorpora-se na "identidade" do pensante e o clamor filosófico tende para uma dimensão inteiramente diversa – o absoluta-mente outro (HADDOCK-LOBO, 2002, p. 121). Somos o outro do outro do outro *ad infinitum*, e a alteridade surge da mesma forma que os rastros surgem como jogo da *différance*, já que a alteridade se diz sempre na ordem paradoxal do indizível: o outro sempre nos escapa ultrapassando a com-preensão e sendo o espelho do nosso indizível e indecidível nele refletido (DUQUE-ESTRADA, 2002).

A língua que temos é recebida do outro; e se ela nos chega da alteri-dade, do impossível, essa língua-mãe não pode nunca suportar a identidade sendo sempre ela (a identidade) uma estranha e precária unidade múltipla, ilusória e circunstancial. Essa língua na qual eu posso adquirir ou produzir alguma espécie de conhecimento é sempre a língua da alteridade: a língua que me chega do outro é também a minha língua, a língua na qual eu devo responder ao outro. Assim o que está em jogo, nessa proposta, é a noção de respeito que configura a marca da bem-sucedida relação eu-tu, e seu inverso, a marca do desrespeito, da objetivação que determina a relação eu-isso – coisificação do outro, visto, metafisicamente, como elemento alienígena que deve ser exterminado ou totalmente absorvido no *Mesmo* da *Identidade*. (A ética do indecidível aponta para uma política do acolhimento da hospitalidade e do radical respeito à diferença).

---

sistema se combina, e que não cessa de lhe escapar ao longo de linhas de fuga que são elas mesmas conectáveis. *O indecidível é a semente e o lugar das decisões por excelência revolucionárias."*

Perceber-se no outro e como outro – da mesma forma que Alencar se percebia nos ameríndios[38], ou naqueles que ele esperava serem os futuros brasileiros, por exemplo – é perceber que a língua que se fala é aquela que vem da alteridade, que traz sempre o rastro do outro, e, por isso, não é possível ser dela proprietário, porque ela é, dissimetricamente, sempre a língua do outro. E mais: vinda do outro, o outro é seu começo (pois como dito dele ela vem), seu meio (sempre falamos do outro), seu fim (eu falo para o outro). Nesse aspecto, há uma alteridade irredutível da língua, – e do universo -, que se relaciona com a postura relacionada à produção de uma obra que permita como herança – dada e recebida –, proclamar o poder da diferença e o devir. A obra é a própria relação do eu com o outro, a significação mesma da ética, pois se funda em uma completa gratidão do eu. A obra não retorna jamais ao seu autor. Nesse aspecto é por natureza, "ingrata" dependendo sempre das diversas leituras suscitadas. A obra é o que permanece desta relação; é a relação bem-sucedida e, por isso, está para além da morte: momento em que criamos algo para além de nós mesmos (NIETZSCHE, 2007). Por comparação relações sociais as quais também são sistemas e formam sistemas, sempre podem apresentar possibilidades de transformação, pois apesar de apresentarem constância formal, navegam sempre nos fluxos diferenciantes do devir.

Uma questão sobre a escravidão

Mas isto não é tudo, já que se trata de alteridade, diferença e respeito ao outro é necessário abordar ao menos de forma breve, uma crítica incômoda e totalmente equivocada em relação à posição de Alencar referida à escravidão. Nos últimos anos, aproveitando a intensa demanda identitarista que tomou as ciências sociais e a política, alguns autores, - os quais não vale a pena citar -, passaram a acusar a obra de Alencar de escravista e racista. Como sugeri acima a grande preocupação – tanto enquanto político como literato - do autor era a formação do Brasil nação e país que pela sua singularidade e grandeza contribuísse para uma humanidade mais inclusiva e solidária; isso é possível notar em seus personagens e em seus discursos políticos e artigos (MAGALHÃES, 2015). Ora, diante disto, é preciso contextualizar historicamente a posição de Alencar em relação à escravidão. À época tanto abolicionistas (todos) quanto alguns conservadores sustentavam o fim abrupto da escravidão

---

[38] - O autor, se não foi o primeiro, foi um dos primeiros, a perceber a riqueza do pensamento selvagem, vendo o ameríndio como portador de uma lógica universal, ética singular de respeito à *diferença* – algo só notado no século XX, principalmente, a partir do pensamento estruturalista com todos seus desdobramentos, inclusive o perspectivismo ameríndio. Esta questão será tratada no último capítulo desse livro.

no país. Processo que deveria se realizar sem delongas e ser o mais direto possível. O contrário do que sustentam mal-intencionados ou mal leitores, Alencar sempre deixou claro em seus discursos políticos e obras ser contra a escravidão como atesta o trecho abaixo:

> [...] fui um dos primeiros que se inscreveram na cruzada santa que trabalha por extinguir a escravatura, não [apenas] na lei, mas nos costumes, que são a medula da sociedade. Há 15 anos, quando as vozes que hoje se levantam com tanta sofreguidão emudeciam, [...], eu me esforçava [...] em banir essa instituição. (ALENCAR, 1977, p.p. 196-197).

Ainda:

> [...] eu nunca pretendi que o Partido Conservador fosse escravagista, que o Partido Conservador aceitasse a instituição da escravidão como uma instituição firmada no direito, na moral que deva ser mantida e respeitada. Não, Senhores, o nobre Presidente do Conselho acaba de o dizer: "Raros serão os brasileiros – e eu acrescentarei: esses mesmos, cegos pelo interesse ou pelo erro –, raros serão os brasileiros que aceitem a instituição da escravidão como uma instituição legítima". (ALENCAR, 1977, p. 186).

Todavia, Alencar era contra a demanda pela abolição abrupta ou direta, sem o fornecimento de qualquer auxílio aos ex-cativos, pois conhecedor da índole das elites e dos valores, crenças e costumes nacionais sabia que a mesma realizada de maneira assoberbada como queriam, seria catastrófica para o Brasil, posto que os ex-cativos seriam abandonados a própria sorte, sem qualquer amparo ou auxílio – e foi o que ocorreu. Fato que os abolicionistas e outros não consideravam, ou segundo Alencar, não queriam levar em conta por interesses escusos. Magalhães (2015, p. 53) em trabalho renovador a respeito do tema ressalta:

> Alencar [...] era contra como a maneira pela qual os negros eram tratados e como seriam deixados à mercê da sociedade se a emancipação fosse realizada da maneira que os abolicionistas desejavam. A sociedade da época não dava chances para um negro poder conseguir algum trabalho digno e uma moradia, pois continuaria a ser visto, após a abolição [de forma abrupta], como propriedade e ser sem alma. Por tais motivos Alencar chegou a chamar os abolicionistas de oportunistas [...]. Percebemos, que o status de estar livre não fazia deles [negros] seres humanos livres realmente, pois não

eram cidadãos, uma vez que nem mesmo os cidadãos eram livres. Alencar dizia que o voto, por exemplo, era a própria essência da cidadania, mas que não havia sido conquistado pela sociedade brasileira, o que não a fazia livre, já que o voto era censitário.

Enquanto esteve Senador e Ministro da Justiça o escritor de *O Guarani* destacou a defasagem entre as leis e as práticas dos brasileiros, entre o legalismo típico do ordenamento jurídico nacional e as ações cotidianas das elites e do povo em geral. Para tanto utilizava os exemplos de letra morta da Lei referida à Lei Feijó regulamentada em 1932, pois o tráfico continuava sob às vistas grossas das autoridades, sendo a Lei considerada um artefacto "para inglês ver"[39]. E mesmo após a Lei Eusébio de Queirós de 1850 que obrigou autoridades a monitorar mais efetivamente o tráfico, o mesmo continuou, embora em menor intensidade. Desta feita, Alencar não acreditava que leis e decretos pudessem sozinhas modificar práticas, hábitos, costumes e visões de mundo. Isso implicava naturalmente em conceber a sociedade brasileira e os próprios cativos deveriam ser educados e reeducados, modificando suas representações coletivas e práticas, e, para isso deveria haver uma profunda transformação sociocultural e econômica administrada cuidadosamente pelas autoridades. O autor, assim, busca escrever peças teatrais para, numa espécie de esforço paradigmático criativo, atingir os afetos do público, levando-o a mobilização contra a escravidão e a favor de práticas mais complexas do que os imediatistas que queriam libertar os escravos abandonando-os à própria sorte. A abolição abrupta causaria, na visão do autor de Iracema, graves problemas para o país, em todos os aspectos, comprometendo mesmo seu futuro, pois os costumes, valores e crenças não possuíam força para tornar a liberdade formal do negro algo efetivo, verdadeiro e real (MAGALHÃES, 2015, p. p. 46-58). Além da Lei era necessária uma revolução das mentalidades, dos costumes e hábitos para que a sociedade pudesse transformar sua estrutura e aceitar o negro não apenas como igual, mas na sua diferença

---

[39] - Magalhães, cita apropriadamente a historiadora Emília Viotti da Costa: "A igualdade jurídica não era suficiente para eliminar as enormes distâncias sociais e os preconceitos que mais de trezentos anos de cativeiro haviam criado. A Lei Áurea abolia a escravidão, mas não o seu legado. Trezentos anos de opressão não se eliminam com uma penada." (COSTA, 2008, p. 12. *Apud*. MAGALHÃES, 2015, p. 55) Conforme comenta o autor essa afirmação esclarece o que Alencar pensava a respeito do formalismo jurídico e da Lei que viria a ser assinada onze anos após seu falecimento. A Lei Áurea, embora necessária, não mudava valores, crenças, costumes, e, portanto, práticas preconceituosas e de exploração, ou seja, não mudava o sistema simbólico dominante o qual não concebia o negro como ser humano pleno.

cultural. Com efeito, se tal processo se realizasse a justiça seria feita para muito além do direito. Se assim não fosse, para Alencar a escravidão acabaria formalmente, mas se perpetuaria na prática.

Ainda para tentar ampliar a compreensão dessa posição alencarina tão mal interpretada pelos críticos utilizo em parte o pensamento de Derrida (2007) exposto no livro Força de Lei. Nessa obra o filósofo com seu método desconstrutivista aborda de forma muito peculiar a separação entre direito e justiça fazendo dela decorrer perspectivas políticas, éticas e estéticas. A primeira perspectiva, política, relaciona-se ao formalismo da lei e sua universalidade, a violência e autoridade a ela referida como elemento constitutivo do direito e seu papel conservador junto ao Estado; o segundo aspecto, ético, se diz da separação entre lei e justiça, sendo essa última para Derrida não apenas uma dimensão indecidível, e, portanto, jamais atingida em sua plenitude, mas, também singular, diferenciante, nunca universal. Justiça, com efeito, é experiência da alteridade absoluta acima de qualquer contrato legal atrelado ao direito; por último, a dimensão estética derivaria dessa experiência de perceber a justiça como incalculável e impossível, ou seja, essa busca não deixaria de ser uma *futuração* à moda de Darcy Ribeiro ou da experiência utópica da qual fala Foucault. De acordo com Derrida (2007, p. 31. Grifo do autor): "justiça [...] deve sempre concernir a uma singularidade, indivíduos, grupos, existências insubstituíveis, o outro, ou eu *como* outro, numa situação única." Destarte, este respeito a alteridade é o que possibilita a criatividade e a manifestação da diferença, e, portanto, a renovação social e da vida.

Por conseguinte, a partir de uma inversão lógica na qual opõe o idealismo do universal presente no direito à singularidade dos casos particulares da justiça, apresenta um conceito imanente da mesma justiça em contraposição ao conceito de direito. Mesmo sabendo-o impossível realizar-se em sua plenitude na prática, isso não direciona o pensamento para o niilismo, porém o contrário, serve como compromisso com a alteridade e força mobilizadora (elemento de um paradigma criativo) voltada à construção de um direito mais adequado aos fluxos e mudanças do devir. Conforme escreve Dunley (2011, p.p. 7-8) em artigo sobre a questão:

> a justiça é devida ao outro [...] como experiência da alteridade absoluta, e, sendo assim, não privilegia o conceito de homem, mas o de outrem, sempre desconhecido, o que nos coloca numa busca sempre infinita de justiça. [Assim, se consolida a] estranheza de perceber a justiça como uma experiência

> impossível, incalculável. Entretanto, em lugar de nos paralisar, este saber diferencial [...] nos impele a desejar participar da dimensão criativa [...], propiciando as condições para que o universal da lei possa se particularizar, e mesmo se singularizar num determinado caso – sempre único –, no exercício de um direito em transformação – em desconstrução.

A lógica que Alencar apresenta em suas discussões estético-políticas sobre a escravidão pode ser entendida a partir dessa abordagem derridiana. Para o autor uma lei que viesse a abolir abruptamente a escravidão não passaria de uma modulação da violência já existente contra os cativos – um exercício de força de Lei. Ela poderia satisfazer as necessidades dos abolicionistas e de parte significativa da elite aristocrática, contudo, manteria a população em uma nova miséria social, cultural e econômica. O direito, portanto, não faria qualquer justiça a essas pessoas. Justiça seria proporcionar a todos em suas diferenças o acesso real às condições de existência dignas e cidadãs[40].

Considerações finais

A obra alencarina é cortada transversalmente pela preocupação, o respeito e o acolhimento da *diferença*. Ao produzir uma *mitopoiésis* na qual a humanidade surge na América, (mais especificamente no Brasil), em que o homem cor de barro foi o primeiro humano, a evolução aparece como diferindo do progresso. Com efeito o autor não apenas inverte a estrutura discursiva que imperava em sua época, quando desloca o processo classificatório do jogo metafísico do *Mesmo*, mas o faz por inverter o par de oposição binária: dominante (europeu)/ dominado (ameríndio). Nessa inversão cria também uma cosmogonia que afirma e reafirma a diferença de um *futuro em aberto*. A vida, o instante, a intensidade infinita do presente é o que existe desconstruindo qualquer teoria da história pro-

---

[40] - O trabalho singular do historiador Washington Dener Cunha (2019, p.p. 40-41) aborda a questão da escravidão e do tráfico negreiro destacando o papel dos reinos africanos na captura e venda de escravos para os europeus: "a abrangência e a eficácia do comércio de escravos não seriam alcançadas se não houvesse a participação das sociedades africanas [...] Além disso, é essencial compreender o seguinte: não havia 'o africano'. Os Lunda, os Villi (do Loango), os Asante, os Ovimbundu, os Yorubá, assim como outros povos, não se viam desta maneira. Não possuíam, nem praticavam, uma consciência continental," de modo que era impossível imaginar uma África unida, solidária e igualitária como muitos tendem a supor. Contudo, esse fato mais do que conhecido e reconhecido por historiadores africanos e da escravidão não diminui a extremada injustiça sofrida e a necessidade urgente de reparação das condições desiguais e mesmo miseráveis que pessoas de ascendência africana enfrentam. Problema que se não resolvido causará certamente a degradação social geral afetando todos os extratos sociais contemporâneos.

gressiva ou acabada, sugerindo uma ética do inefável na qual a alteridade é a própria manifestação do devir, do tempo e do ser diferenciante. Nessa perspectiva *Eu* e *Outro* são um como parte do Todo. O pensamento sobre a escravidão está incluído nessa lógica imanente, a qual, debatendo à época com os abolicionistas e alguns conservadores que queriam o parto da abolição à fórceps, propõe a necessidade de intensa assistência do estado ao ex-cativos. Mostrando o abismo entre Lei e Justiça, o autor esclarece que a mesma deveria ser realizada a partir não do formalismo jurídico, letra morta que não mudaria as relações de exploração e dominação sobre o negro, mas para se aproximar da justiça deveria ser construída a partir de dispositivos que colocassem os ex-cativos em situação de cidadãos; do contrário, haveria um grande problema social futuro impedindo mesmo a viabilidade do Brasil como nação.

A responsabilidade proposta em relação ao acolhimento da diferença ou do outro deve ressaltar que apenas a hospitalidade permite, ao que hospeda, ser hóspede primeiro de sua própria casa – ou língua como metáfora do humano. Não é possível uma experiência utópica sem a reciprocidade solidária que se realiza na diferenciação intensiva do Todo. Se para o autor de *Ubirajara* existe a possibilidade de colaboração mútua entre culturas ou civilizações, conduzindo uma percepção de "perfetibilidade [por intermédio] da derivação ou transmissão", a qual permita "que a porção do trabalho humano acumulado durante muitas idades" não se perca (ALENCAR, 2010, p.p. 34-39, *et. seq.*), há também a preocupação em elaborar um tipo de *éthos* permitindo da mesma forma a existência do sonho e da procura pela construção dos novos cenários de um Brasil no qual o respeito à diferença - que é vida -, seja possível. A literatura sem ter nada a ver com uma prática inofensiva, torna-se em Alencar uma experimentação política, uma máquina de guerra.

Referências

AGRELA, Rodrigo Vieira A., O princípio por meio do fim: o ingênuo e o sentimental em José de Alencar. In: PELOGGIO, Marcelo (org.). *Fator Alencar.* Ensaios. Belo Horizonte: Relicário, 2019.

ALENCAR, José de. *José de Alencar*: Dispersos e Inéditos. In: RAMOS, Danielle; PELLOGIO, Marcelo et ali. (Orgs.). Salvador: Edufba, 2021.

ALENCAR, José de. O homem pré-histórico na América. *In: O Vulgarizador.* Rio de Janeiro, n. 5, 1º de setembro de 1877. In: ALENCAR, José de. *Antiguidade da América e Raça Primogênita.* Fortaleza: Edições UFC, 2010.

ALENCAR, José de. *Antiguidade da América e Raça Primogênita.* Fortaleza: Edições UFC, 2010.

ALENCAR, José de. *Discursos parlamentares de José de Alencar* – Deputado-geral pela província do Ceará (1861-1877). Brasília: Câmara dos Deputados, 1977.

ALMEIDA, Mauro. *Caipora e Outros Conflitos Ontológicos.* São Paulo: Ubu Editora, 2021.

ALMEIDA, Júlia Maria da Costa. O agramatical. Os procedimentos da diferença. *In:* ORLANDI, Luís. (org.). *A Diferença.* São Paulo: Unicamp, 2005.

BERGSON, Henri. *Matéria e Memória:* Ensaio sobre a relação do corpo com o espírito. São Paulo: Martins Fontes, 1999.

BRÜSEKE, Franz. Caos e ordem na teoria sociológica. *Revista de Ciências Sociais.* Fortaleza, V, XXII, n. 1 / 2. p. 39-67, 1991.

CALÁVIA-SAEZ, Oscar. A história pictográfica. *In:* QUEIROZ, Ruben Caixeta e NOBRE, Renarde Freire (orgs.). *Lévi-Strauss.* Leituras brasileiras. Belo Horizonte: Ed. UFMG, 2008.

COSTA, Emília Viotti da. *A Abolição.* São Paulo: Unesp, 2008.

CUNHA, Washington Dener dos Santos. Em trânsito: História e debates sobre as diásporas africanas e a formação da sociedade brasileira. In: *Revista online Conversas e Pesquisas* - Intelectuais e Educação no Mundo Ibero-americano, volume. 1, número 2 Rio de Janeiro: UERJ, 2019. file:///C:/Users/sabin/Desktop/art%20washington%20e%20sabino%20conversas%20e%20pesquisas.pdf

DELEUZE, Gilles. *Nietzsche e a Filosofia.* Porto: Rés Editora, 1981.

DELEUZE, Gilles. *Proust e os Signos.* Rio de Janeiro: Forense Universitária, 1987.

DELEUZE, Gilles; GUATTARI, Félix. *Mille Plateaux.* Paris : Éditions du minuit, 1980.

DELEUZE, Gilles. *Bergsonismo.* São Paulo: Ed. 34, 1999.

DELEUZE, Gilles. Whitman. *In: Crítica e Clínica.* Rio de Janeiro: Ed. 34, 2008.

DELEUZE, Gilles. Em que se pode reconhecer o estruturalismo? *In*: DELEUZE, Gilles. *A Ilha Deserta*. São Paulo: Iluminuras, 2008a.

DELEUZE, Gilles; *O Anti-Édipo*. Capitalismo e esquizofrenia. São Paulo: Ed. 34, 2010.

DERRIDA, Jacques. Estrutura, signo e jogo no discurso das ciências humanas. *In*: MACKESEY, Richard e DONATO, Eugenio (orgs.). *A Controvérsia Estruturalista*. As linguagens da crítica e as ciências do homem. São Paulo: Cultrix, 1970.

DERRIDA, Jacques. *Posições*. Belo Horizonte: Autêntica Editora, 2001.

DERRIDA, Jacques. *Gramatologia*. São Paulo: Perspectiva, 2004.

DERRIDA, Jacques. *Força de Lei*. O fundamento místico da autoridade. São Paulo: Martins Fontes, 2007.

DOSSE, François. *A História em Migalhas*. Dos Annales à Nova História. São Paulo: Unicamp, 1992.

DUNLEY, Gláucia Peixoto. Sobre a Força da Lei. *Trivium. Estudos interdisciplinares*. [*online*] vol.3, n.2, 2011. p. 7-15. Acesso 12 março 2023. http://pepsic.bvsalud.org/scielo.php?script=sci_arttext&pid=S2176891201100020003&lng=es&nrm=is&tlng=pt

DUQUE-ESTRADA, Paulo César. (org.). *Às Margens*. A propósito de Derrida. São Paulo: PUC/Loyola, 2002.

ELIAS, Norbert. *Sobre o Tempo*. Rio de Janeiro: Zahar, 1998.

ELIAS, Norbert. *O Processo Civilizador*. I. Um história dos costumes. Rio de Janeiro: Jorge Zahar Editor, 1994.

ESPINOSA, Baruch. *Ética*. Col. Os Pensadores. São Paulo: Abril Cultural, 1979.

FABIAN, Johannes. *O Tempo e o Outro*: como a antropologia estabelece seu objeto. Petrópolis: Vozes, 2013.

FORNAZZARI, Sandro Kobol. O Bergsonismo de Gilles Deleuze. *Trans/Form/Ação*. São Paulo, 27(2), p.p. 31-50, 2004.

FOUCAULT, Michel. *As Palavras e as Coisas*. Uma arqueologia das ciências humanas. São Paulo: Martins Editora, 2007.

GOULD, Stephen Jay. *Lance de Dados*. A ideia de evolução de Platão a Darwin. Rio de Janeiro: Record, 2007.

HABERMAS, Jürgen. *Teoria do Agir Comunicativo*. v. I e II. São Paulo: Martins Fontes, 2012.

HADDOCK-LOBO, Rafael. O adeus da desconstrução: alteridade, rastro e acolhimento. In: DUQUE-ESTRADA, Paulo César (org.). *Às Margens*. A propósito de Derrida. São Paulo: PUC/Loyola, 2002.

HÉNAFF, Marcel. *Claude Lévi-Strauss et L'Anthropologie Structurale*. Paris: Agora, 2000.

HONNETH, Axel. *Luta por Reconhecimento*. Gramática moral dos conflitos sociais. São Paulo: Ed. 34, 2003.

KOZEL, Andrés; DA SILVA, Fabrício. *Os Futuros de Darcy Ribeiro*. São Paulo: Elefante, 2022.

LESKY, Albin. *A Tragédia Grega*. São Paulo: Editora Perspectiva, 1976.

LÉVINAS, Emmanuel. *Totalidade e Infinito*. Lisboa: Ed. 70, 1988.

LÉVI-STRAUSS, Claude. *O Pensamento Selvagem*. São Paulo: Papirus, 2002.

LÉVI-STRAUSS, Claude. *A Outra Face da Lua*. Escritos sobre o Japão. São Paulo: Companhia das Letras, 2012.

LIMA, Alceu Amoroso. José de Alencar, esse desconhecido? *In*: José de Alencar. *Iracema*. Edição do Centenário. Rio de Janeiro: MEC/Instituto Nacional do Livro, 1965.

MAGALHÃES, Nathan Matos. *José de Alencar e a Escravidão:* Suas peças teatrais e o pensamento sobre o processo abolicionista. Dissertação de mestrado apresentada ao Programa de Pós-graduação em Letras da Universidade Federal do Ceará. Fortaleza, 2015.

MANHEIM, Karl. *Ideologia e Utopia*. Rio de Janeiro: Guanabara Koogan, 1986.

MELO SOBRINHO, Noéli Correia. Apresentação e comentário. In: NIETZSCHE, Friedrich. *Escritos sobre História*. Rio de Janeiro: Editora PUC/Loyola, 2005.

NIETZSCHE, Friedrich. *Crepúsculo dos ídolos*. A filosofia a golpes de martelo. São Paulo: Hemus, 1985.

NIETZSCHE, Friedrich. *O Livro do Filósofo*. Porto: Rés, s/d.

NIETZSCHE, Friedrich. *Escritos sobre a História*. Rio de Janeiro: Editora PUC/Loyola, 2005.

NIETZSCHE, Friedrich. *Assim Falava Zaratustra*. Um livro para todos e para ninguém. Petrópolis: Vozes, 2007.

PECORARO, Rossano Rosário. Niilismo, metafísica, desconstrução. *In*: DUQUE-ESTRADA, Paulo César (org.). *Às Margens*. A propósito de Derrida. São Paulo: PUC/Loyola, 2002.

PELOGGIO, Marcelo; SIQUEIRA, Ana Márcia A. José de Alencar, o educador. In: PELOGGIO, Marcelo (org.). *Fator Alencar*. Ensaios. Belo Horizonte: Relicário, 2019.

PELOGGIO, Marcelo. José de Alencar: um historiador à sua maneira, *Alea*, UFRJ, v. 6, n. 1, p. 81-95. janeiro/junho de 2004.

ROSSET, Clement. *Alegria: a força maior*. Rio de Janeiro: Relume-Dumará, 2000.

RIBEIRO, Darcy. *Utopia Selvagem*: Saudades da inocência perdida. Uma fábula. São Paulo: Global, 2014.

RIBEIRO, Darcy. *O Povo Brasileiro*. A formação e o sentido do Brasil. São Paulo: Companhia das Letras, 2006.

RIBEIRO, Darcy. A civilização emergente. In: KOZEL, Andrés; DA SILVA, Fabrício Pereira. (orgs.). *Os Futuros de Darcy Ribeiro*. São Paulo: Elefante, 2022.

RIBEIRO, Willian de Góes. Pensando a política com Jacques Derrida. Notas sobre o desespero na utopia pedagógica. *Encontros com a Filosofia*. Ano 9. n. 13. p.p. 48-74. Jul, 2021.

SCHÖPKE, Regina. *Por uma Filosofia da Diferença:* Gilles Deleuze, o pensador nômade. São Paulo: Edusp/Contraponto, 2004.

SCHÖPKE, Regina. *Matéria em Movimento*. A ilusão do tempo e o eterno retorno. São Paulo: Martins, 2009.

SEVCENKO, Nicolau. *Literatura como Missão*. Tensões sociais e criação cultural na Primeira República. São Paulo: Companhia das Letras, 2003.

VERNANT, Jean- Pierre. A tragédia grega: Problemas e interpretação. In: MACKSEY, Richard; DONATO, Eugenio (orgs.). *A Controvérsia Estruturalista*. As linguagens da crítica e as ciências do homem. São Paulo: Cultrix, 1976.

WIENER, Norbert. *Cibernética e Sociedade*. O uso humano dos seres humanos. São Paulo: Cultrix, 1968.

A DINÂMICA SOCIAL
EM UM ROMANCE ALENCARINO

Todos somos 'bricoleurs'.
Deleuze & Guattari.

O romance *Til* (ALENCAR, 2012; 2012a) apresenta elementos da teoria social perquiridos apenas a partir da segunda metade do século XX e princípio do XXI, e, hoje tidos como importantes para a compreensão não apenas do que vem a ser o funcionamento e a reprodução do sistema sociocultural, mas também suas dinâmicas e mesmo transformações[41]. Neste trabalho de experimentação de leitura e de comparação textual do romance com alguns textos de autores da sociologia e antropologia, (além de filosofia), busco fugir do modelo interpretativo consagrado pela tradição literária e sociológica com seus cânones. Se consegui ou não o leitor dirá.

Procuro detectar no texto alencarino, fatores que auxiliem uma experiência teórica, ao menos em parte, referente a *dinâmica social*. O objetivo assim é tentar articular perspectivas analíticas por vezes consideradas antagônicas nas ciências sociais, como, por exemplo, relacionar alguns aspectos da teoria crítica aos chamados pós-estruturalismos. As questões e os temas aqui levantados são preliminares, necessitando ainda longo desenvolvimento e pesquisa futura aprofundada.

Til é uma obra regionalista que se passa no Brasil escravocrata e que descreve um mundo sem propósito, cruel e duro, demonstrando simultaneamente como, pela força da solidariedade e dedicação de uma personagem denominada Berta, as misérias das relações sociais são amenizadas, assim como as condições de opressão e exclusão modificadas pelas atitudes e ações das próprias pessoas nessas condições que as levam a conflitos e lutas constantes, micropolíticas, não raro silenciosas, impulsionadas por desejos, necessidades e busca de reconhecimento de suas condições humanas. Berta nos mostra como a vida nada tem a ver diretamente com o mal causado pelos seres humanos ao seu entorno em todas as suas dimensões. São as relações

---

[41] - Por *dinâmica* entendo os movimentos adaptativos do sistema social visando manter sua ordem, instituições e organizações. Por *transformações* concebo as mudanças profundas, estruturais, no sistema, fazendo-o outro (LEACH, 2014, p.p. 68-69). Não cabe aqui discutir de qual maneira e como as dinâmicas sobrepostas ou intensas podem vir a provocar transformações estruturais nas sociedades.

sociais e o conflito que elas portam que produzem o mundo de sofrimento no qual vivemos. Porém, são essas mesmas relações os elementos capazes de transformar esse mundo ou amenizar a dor do outro.

Forças em relação

Pretendo suspender as pré-noções elaboradas pelas opiniões acadêmicas, (o conhecido senso comum douto) que interpreta o trabalho do autor como plêiade de elementos conservadores associados à concepção retrógrada de sociedade e vida social. Decerto, ao suspender a grade classificatória da teoria literária que se debruça sobre a obra alencarina, vislumbro perspectivas que não apenas contradizem essa velha tradição do campo da crítica profissional, mas também permitem utilizar elementos da mesma obra que possam auxiliar a pensar a realidade atual a partir das interseções da mesma obra com a de outros autores de certa forma alheios à crítica literária.

A vastidão desta obra e sua riqueza de modulações e perspectivas possibilita julgamentos apressados e sentenças precipitadas a respeito da visão de mundo e proposições estéticas e éticas do autor, as quais terminam sendo rapidamente empobrecidas pela acusação redutora de regresso medievo, idealismo conservador e platonismo. Todavia os mundos literários do autor não são composições que se adequam a essas classificações. O contrário, são as expressões de sistemas de forças imanentes enquanto constituídas por embates e associações intermitentes, convergentes e divergentes, variantes em conformidade com a posição na qual, em determinados momentos das relações, situam-se os agentes sociais – sendo esses mesmos forças correlacionadas às outras em (com)posições construtivas ou destrutivas, potencializadoras ou enfraquecedoras de suas capacidades de agir e criar ou o contrário: seguir e imitar. Nesse movimento não há uma identidade essencial ou um sujeito transcendental, mas atores ou agentes sociais produzindo e sendo produzidos por relações qualificadas e intensas (ESPINOSA, 1978; DELEUZE; GUATTARI, 2010).

Segundo Espinosa sendo a associação das forças – os encontros – positiva, ocorre construção, realização e efetivação dos grupos e indivíduos pela alegria, aumentando suas potências de ação – o contrário se produz quando as forças se dissociam ou conflituam originando ódio, cizânia, destruição e esfacelamento nas mesmas e pelas mesmas relações sociais, o que vale dizer: dos corpos e das subjetividades. A partir dessa visão, não considero *Til* como a narrativa de um duelo simplesmente dicotômico entre luz e trevas, bem e mal, mas como descrição de um *sistema de modulação de forças* no qual as intensidades se compõem, se conjugam e se opõem em movimentos conectivos diferenciantes, conjuntivos, disjuntivos e necessários. Desta feita, não percebemos a identidade dos personagens como elemento metafísico (sujeitos cartesianos ou kantianos) prontos a reparar o mal existente no mundo, mas peças imanentes de um jogo social sistêmico que demanda, por parte dos agentes, o exercício constante não apenas da razão instrumental, mas dos *afetos*, reciprocidade e empatia. Não seria, assim, a razão pura ou comunicativa ou o produto de uma capacidade consciente e reflexiva perene, – que de certa forma reintroduz o sujeito na teoria social -, que estaria na base das ações sociais, mas o desejo e os afetos - aspectos bem mais inconscientes que reflexivos. (MAUSS, 1974; LORDON, 2015; DELEUZE; GUATTARI, 2014, p.p. 79-96). Dinâmica de forças constitutivas dos conflitos vitais inerentes às relações sociais que são "multiplicidades de forças" as quais procuram "ir além de suas manifestações reais em relação às outras transformando [essas relações] em tensão e anelo" (SIMMEL, 2008, p. 21). O sistema social[42] é, portanto, formado por forças ou elementos em constante conflito combinando uma eterna tensão entre harmonia e discórdia. O conflito, em todos os seus graus e particularidades, fornece a tensão dinâmica do sistema social (FERNANDES, 2022)[43]. A identidade, assim como aparência de harmonia e estabilidade, não passam de momentos da diferença ou movimento, instante de equilíbrio em meio à turbulência das relações movidas por desejos e afetos. Aqui podemos repetir com Heráclito de Éfeso: a guerra é mãe de todas as coisas[44].

---

[42] - Sistema aqui é entendido como um conjunto de multiplicidades rizomáticas o qual substitui, por um lado, a abordagem totalizante, orgânica e objetivista do Romantismo, e, por outro, o atomismo associacionista, subjetivista e racionalista do Iluminismo fazendo isso em uma *síntese disjuntiva* ou *disjunção inclusiva*, não dialética no sentido hegeliano; porém, um "modo relacional que não tem a semelhança ou a identidade como causa (formal ou final), mas a divergência ou a distância; um outro nome deste modo relacional é 'devir'. A síntese disjuntiva ou devir [é] o movimento centrífugo pelo qual a *diferença* escapa ao poderoso atrator circular da contradição e sublação dialéticas. Diferença positiva antes que opositiva, indiscernibilidade de heterogêneos antes que conciliação de contrários, a *síntese disjuntiva* faz da disjunção 'a natureza mesma da relação', e da relação um movimento de '*implicação recíproca assimétrica*' entre os termos ou perspectivas ligados pela síntese, *a qual não se resolve* nem em equivalência nem em identidade superior." (VIVEIROS DE CASTRO, 2007, p.p.99-100. Grifos meu). Essa concepção de sistema é nova se comparada à de Parsons, Luhmann e Habermas ainda atrelados à metafísica ocidental da Identidade e ao Iluminismo eurocêntrico, quando não a uma certa racionalidade clássica mecanicista.

[43] - É notável como nesse trabalho clássico o conflito constante, no caso a guerra, não é, de forma alguma, um elemento da desordem ou anomia, mas o próprio fator de coesão e existência da sociedade. Contudo, diferente da guerra de conquista realizada pelos europeus, entre os Tupinambás, a mesma não tinha por propósito exterminar o inimigo, mas ritualisticamente absorver a positividade do outro em sua diferença, fazendo-o viver ou deixar seus traços no próprio cerne da sociedade tupinambá (VIVEIROS DE CASTRO, 1986; 2002, p.p. 265-295; FERNANDES, 2022, p.p. 564-706)

[44] - A tradução que consta na coletânea de escritores pré-socráticos reunida por Gerd Bornheim (2000, p. 36) na verdade diz: "a guerra é o pai de todas as coisas e de todas o rei."

Qualquer realidade é já quantidade de força. No caso dos grupos sociais, o jogo de forças pode ou não constituir a dimensão fundamental de coesão institucional ou sistêmica, produzindo ou não a segurança ontológica ou subjetiva que atores sociais necessitam para sua saúde mental e pessoal e adequação às mudanças perpetradas pela produção simbólica e prática ou material, tecnologias que implicam diretamente na produção de subjetividades que também, por sua vez, podem criar contra tecnologias de resistência e transformação desses mesmos sistemas de produção (ROLNIK, 2021, p.p.53-65; FOUCAULT, 2022, p.p. 29-41). Se faz necessário ressaltar que o aparente equilíbrio sistêmico é sempre efêmero, - conforme já havia pensado a teoria antropológica britânica com todas suas modulações -, haja vista que se apoia em conflitos constantes, disputas e lutas microssociais ou moleculares e macrossociais ou molares, alguns usados por Deleuze e Guattari. (DELEUZE; GUATTARI, 2010; BATESON, 2008; EVANS-PRITCHARD, 2011; LEACH, 2014). Em outras palavras: são esses conflitos inerentes às relações sociais e à disputa por parte de indivíduos e grupos por conquista de posições, reconhecimento, e, também, participação na renda ou riqueza produzida pelos conjuntos sociais que movimentam, produzindo ou não a transformação institucional e representacional (FRASER, 2001; HONNETH, 2003; 2018). Os atores sociais agem, mas o fazem dentro de um sistema a partir dos recursos possíveis que o mesmo sistema lhes proporciona de acordo com suas posições específicas. Nesse jogo perene volições e afetos são elementos constitutivos das relações de poder e dominação que necessariamente implicam embates entre indivíduos, grupos de status e classes sociais, tendendo a dinamizar a ordem, porém sem modificar suas estruturas (BOURDIEU, 2001; 2014)[45].

---

[45] - O historiador da escravidão Robin Blackburn (2016, p.p. 14-16; 18-31) escreve sobre o sistema escravocrata das três américas dividindo-o em dois momentos, o primeiro atrelado diretamente às metrópoles e comerciando fundamentalmente com elas, estava formalmente relacionado ao exemplo da escravidão na Grécia Antiga e Roma, tendo inclusive adotado características da lei romana, mas, evidentemente bem mais centrada na questão racial. Comparada à da Antiguidade, a escravidão das Américas era menos diversificada, intensificando o trabalho braçal, era *marcada racialmente*, apertando seus grilhões em torno de negros africanos e de afrodescendentes, diz o autor. A primeira escravidão foi bastante desequilibrada, embora bem sucedida, pois o sistema colonial (dos EUA, Cuba e Brasil) era assolado por *conflitos e instabilidade*, tanto no aspecto das disputas econômicas entre as metrópoles, quanto em relação ao imenso contingente negro em relação aos brancos. A segunda escravidão, pós-colonial, representou um regime mais autônomo, duradouro e produtivo, criou, diversificou e ampliou grupos de status (negros livres), porém piorou a condição geral. Essa segunda escravidão aspirava ser independente e autônoma posto se concretizar em um mercado amplo de comércio livre em processo de industrialização, e embora economicamente eficaz para as elites, foi atravessa por *conflitos* crescentes que produziam constantes conspirações, rebeliões, revoltas e assassinatos de proprietários. As distinções e disputas entre afrodescendentes em *Til*, as condições de exploração e suas consequências, refletem bem o que escreve Blackburn, (p.p. 25-31. Grifo meu): " no Brasil havia um número cada vez maior de *pessoas de cor livres*, mas *poucas se identificavam com*

Til apresenta várias amostras dessa concepção. Um exemplo é a descrição da fazenda, (o contexto no qual se desenrola a trama), como sistema dinâmico, - um protótipo de sociedade -, apresentando, ao mesmo tempo - o contrário do que atesta a visão de Ivan Teixeira (2012) - , constante conflito e tensão trágica que, simultaneamente, é produtora do movimento e por ele é produzido em uma disputa intermitente nas relações sociais perpassadas por jogos de poder (ALENCAR, 2012, p. 64-68).

> Na roça estavam os pretos no eito, estendidos em duas filas, e no manejo da enxada batiam a cadência de um canto monótono, com que amenizavam o trabalho:
>
> Do pique daquele morro.
>
> Vem descendo um cavaleiro
>
> Oh! Gentes, pois não verão
>
> Este sapo num sendeiro?
>
> Adubavam o mote com uma descomposta risada e logo após soltavam um grito gutural:
>
> – Pxu! Pxu!
>
> Têm os pretos o costume de entressacharem nas toadas habituais, seus improvisos, que muitas vezes encerram epigramas e alusões. Bem desconfiava, pois, o feitor de que a tal cantiga bulia com ele, e o sapo não era outro senão um certo sujeito bojudo e roliço, de seu íntimo conhecimento [...].

Se nessa passagem Alencar parece descrever, conforme supõe a leitura da tradição acadêmica, uma visão conservadora de sociedade, posto sugerir a existência de harmonia no sistema escravista, da minha perspectiva é justamente o oposto que ocorre. Se há um sistema, este apresenta-se longe da harmonia plena ou homeostática, mas porta tensão constante, poder e contrapoder, um permanente jogo de disputas e lutas por *posições* e conquistas que não apenas (re)produzem a dinâmica social da escravatura, mas também demonstram que a mesma por sua tensão estendida ao máximo durante séculos, já ameaça a própria ordem social baseada no trabalho escravo. Sendo que os escravos não perdem oportunidade de lutar, resistir e combater à

---

aquelas que [...] estavam *escravizadas*, e *algumas até mesmo possuíam escravos* [...] no Brasil [o contingente escravo] representava metade da riqueza nacional [...], a labuta incessante da plantação só era mantida devido à disciplina feroz e à coerção física". As mudanças do sistema visaram ampliar as práticas de lucro criando elementos distintos dos anteriores, mas perpetrando relações escravocratas de produção ou ao menos mantendo algumas de suas características na "nova" ordem.

opressão que lhes pesa sobre a vida. Não apenas resistindo fisicamente, matando seus proprietários, fugindo, formando quilombos, e sabotando as relações, mas também produzindo pilhérias e achincalhes representações sociais negativas em relação àqueles que, de imediato, representam o poder instituído. Atuam, dessa forma, contra a opressão não apenas nas práticas; mas também no âmbito simbólico.

Alencar sugere que, se o sistema social é constituído por relações de poder, há sempre forças que compõem ou se contrapõem nessas relações, como destacou Foucault bem mais tarde em sua obra. Decerto se o romancista não enfatiza a clara repressão, descreve, em marcadas tintas, a sutileza, as filigranas de tensões e entraves simbólicos, micropolíticos, costurando de ponta a ponta as relações sociais em suas dimensões microssociológicas. Nessa obra, não existe a possibilidade de uma dimensão social na qual haja neutralidade plena ou uma classe ou grupo dominado que possa ser o representante da pureza e bondade contra a eterna maldade do elemento dominante; a disputa, a inveja, a competitividade, a raiva e mesmo o ódio atravessam todas as classes sociais, ou seja, os seres humanos em geral, em qualquer posição social, pois sempre há hierarquização, status, desejo, conflito, destaque e busca por respeitabilidade e consideração, conforme se percebe em uma das passagens de *Til* na qual a inveja e o preconceito ocorrem nas disputas entre os próprios personagens afrodescendentes. Decerto que o autor aponta para o peso da desigualdade econômica a acirrar, dependendo da situação, por vezes mais ou menos, essas disputas. Todavia, sugere constantemente que embora fundamental, não é esta apenas a única causa que faz o ser humano ser o que é em sua ferocidade ou benevolência e solidariedade (TARDE, 2003).

Alencar descreve um "mulato de libré cor de pinhão", o qual andava elegantemente vestido e aprumado de acordo com sua função, esperando orgulhoso as ordens do seu senhor. Por envergar este papel social e também ser mais claro, o mulato termina sofrendo represálias e desprezo por parte dos negros ao ser visto flertando com a bela mucama Rosa, chamada de "jabuticabinha de sinhá", que surge à janela do casarão e a qual, para raiva e ciúme de um negro que muito a deseja, corresponde às investidas amorosas dispensadas pelo mulato:

> A mucama soltou uma risada, e desapareceu de repente a um puxão que de dentro [da casa] lhe deu o pajem Faustino.
>
> – Assim é que serve a mesa?
>
> – Solta, moleque! Menos confiança comigo!

> – Ô xente! Moleque como nós [o mulato]. Tenho muita xibança nisso. Não é como este mestiço do inferno, cor de burro; mas você não tem vergonha mesmo de vir engraçar com ele na janela.
>
> – Sinhá está ouvindo! disse a rapariga em tom de ameaça.
>
> – Melhor pra mim! Eu cá não me embaraço.
>
> Este curto diálogo travou-se na saleta da entrada, onde o Faustino veio pilhar a mucama, que escapulira do serviço da mesa para se faceirar com o mulato (ALENCAR, 2012, p. 65).

O autor destaca o absurdo e o perigo da escravidão em seus escritos políticos e em momento algum defende a concepção de desigualdade essencial entre negros e brancos, o contrário, tudo o que caracteriza a humanidade está presente nos seus personagens e cosmogonia, sejam eles ameríndios, africanos ou europeus – todos igualados em virtudes e defeitos, ainda que valha as imensas desigualdades. Todos movidos por desejos e afetos que sendo particulares são também produtos sociais. Por isso mesmo todos os grupos apresentam pessoas dignas e deletérias, com sentimentos de ciúme, ganância, inveja, bondade e assim por diante. Exemplo é o já aventado caso da bela mucama Rosa que em uma festividade típica surge com aguda inveja da negra de eito Florência, pelo simples fato dessa representar a rainha do Congo nos festejos. Ocorre que Rosa, mucama, negra de casa grande, ocupa posição superior, e, portanto, melhor condição de vida, na estrutura social da escravidão brasileira em relação à outra negra, simples trabalhadora das plantações, a ponto de, naquele momento, contraditoriamente, lamentar seu status ou condição social superior:

> [...] Rosa mordeu-se de inveja ao avistar a Florência, repimpada no melhor cavalo de D. Ermelinda, com a trunfa riçada, um diadema na testa, e o régio manto escarlate roçagante pela anca do lindo ginete.
>
> Neste instante lamentou ser mucama, condição que a sujeitava a certo recato, e a privava, portanto, de tomar parte no folguedo. Como preta da roça teria outra liberdade; e ninguém lhe disputaria por seguro o título de rainha (ALENCAR, 2012, p. 92).

Longe de apenas construir uma "representação harmônica da vida social", demonstrando um regressismo retórico na poética cultural do tempo e defendendo desbragadamente a escravidão, conforme escreve

Teixeira (2012), a organicidade do mundo alencarino expressa em *Til* é contraditória, tensa e dinâmica, - basta ler com atenção e sem preconceito -, demonstrando a constante agonia entre o que há de mais hediondo e destrutivo na condição humana – independente de classe ou etnia – com o que há de mais solidário, amoroso e benevolente: confundem-se aí, nesse trabalho, o claro e o escuro, o bem e o mal, o delicado e o rude. Processo realizado em movimentos intersubjetivos apaziguados apenas pelas manifestações do amor, da solidariedade e do reconhecimento da diferença e do outro. Apenas a eventualidade desses elementos produz o amansamento momentâneo da interminável luta cruel pela existência nesse mundo. Sistema constantemente ameaçado pela instabilidade à moda freudiana, que traz à vista a efemeridade da vida e da ordem civilizacional ou cultural sempre em risco de diluição pela sombra constante das forças destrutivas que rondam as relações sociais mobilizadas por desejos. Neste aspecto, é preciso destacar com Ricardo (2022, p. 21) :

> não é possível pensar em um investimento político e social, seja ele revolucionário ou reacionário, que não tenha sido desejado [, do mesmo modo,] não é possível pensar em um desejo que não seja também um investimento político e social.

Dinâmica social

O romance é também uma crítica antecipada à reificação existente nas sociedades complexas e o perigo de dissolução da solidariedade. Em outras palavras, Alencar aborda, antes mesmo dos clássicos sociológicos, o problema crônico que atormentará pensadores sociais de seu tempo – e que continua presente nas discussões teóricas das ciências sociais atuais. Nesse sentido destaco já nos três grandes clássicos da disciplina essa preocupação com a ausência de solidariedade, e, portanto, empatia, além de outros elementos fundamentais para a coesão do sistema social, concebido em Weber como *desencantamento do mundo*, em Durkheim como *anomia* e em Marx como *fetichismo da mercadoria* ou reificação para Lukács, dentre outros, que desenvolverão esse categoria mais adiante, significando a representação do humano enquanto *coisa*, e, portanto, elemento privado de qualidades individuais ou pessoais (HONNETH, 2018, p.p. 31- 43).

Questão sociológica fundamental que perpassa a obra de todo grande pensador a partir do século XIX, a transformação daquilo que o Ocidente chama natureza e do ser humano em mercadoria na obra de Weber, por exemplo, está relacionada à racionalização crescente dos sentidos (propósitos) e significados e práticas cotidianas. Processo que produziu uma das principais, se não a principal, característica das culturas europeias ocidentais, o *racionalismo*. Se cada cultura ou sociedade apresenta sua própria racionalidade, o ocidente, pelo crescente processo de racionalização da vida - e de todas as suas esferas sociais - apresentou uma *racionalidade racionalista*, algo totalmente singular que de acordo com Weber (1995) proporcionou o avanço técnico e tecnológico que intensificou a expansão da cultura europeia e a imposição de seus valores via expansão capitalista.

Esse racionalismo constitutivo de parte dessa cultura dominante, projetou sobre a existência coletiva e individual uma ética calcada na ação calculista (ação racional com relação a fins) tornada gradativamente alicerce da técnica e da ciência. No autor alemão esse processo leva à perda do sentido da vida em pessoas que passam a ter uma visão de mundo (*Weltanschauung*) desencantada e coisificada: – é o desencantamento do mundo ou *Entzauberung der Welt* que nos lembra ou remete à obra de Franz Kafka na qual o crescente movimento de administração racionalista das instâncias vitais produz burocratização constituindo e controlando parte significativa das subjetividades, diminuindo, desta maneira, a liberdade. Movimento que objetifica o ser humano transformando-o em engrenagem de um sistema que diminui esperanças diminuindo relações solidárias. Neste aspecto a modernidade capitalista apresentaria duas formas básicas de desencantamento inéditas na história: uma religiosa (ou ético-prática), que indicaria o processo de "desmagicização" do universo e, portanto, das vias de salvação – concepção sintetizada na famosa frase de Nietzsche: Deus está morto –, e outra científica ou empírica – intelectual, designando a "deseticização" (dissolução crescente das éticas tradicionais) por intermédio da transformação do mundo em um mero mecanismo causal a partir do fortalecimento crescente dos usos escusos da ciência.

Outro fundador da sociologia, Émile Durkheim, percebe, no início de sua obra, outro caminho (embora com características similares ao de Weber) para a compreensão do processo de perda de sentido da vida individual e mesmo coletiva nas sociedades modernas. Ao estudar a divisão social do trabalho, o pai da Escola Sociológica Francesa percebe que a crescente especialização das atividades produtivas se confronta com o enfraquecimento dos valores, crenças e normas das sociedades complexas, enfraquecendo também a consciência coletiva das mesmas, levando os agentes sociais a uma condição de perda de identidade, ausência de propósitos e falta de objetivos para a vida. Em *O Suicídio*, o autor rearticula o conceito de *anomia*, já anteriormente utilizado por Jean-Marie Guyau (2009)[46] para caracterizar este estado de baixa coesão social e perda de solidariedade presente no sistema social capitalista.

Na esteira durkheimiana, o sociólogo norte-americano Robert King Merton (2002, p. p. 234-235) descreveu, em seu funcionalismo estrutural, a anomia como a defasagem entre as promessas simbólicas ou culturais que a sociedade apresenta aos agentes sociais e o funcionamento contraditório das instituições que cerceiam ou mesmo impedem que os indivíduos das classes sociais mais baixas, mas não apenas, realizem essas expectativas, o que provoca *sentimentos* de injustiça, revolta e exclusão desses mesmos indivíduos e grupos que não raro, buscam construir por meios paralelos – com frequência o mundo do crime – histerese na criminalidade - ou a invenção de novas formas de existência –, maneiras *desviantes* de conquistar status, respeito e riqueza, ou, por outro lado, buscam afogar seus sentimentos de inferioridade, exclusão e fracasso nas drogas, alcoolismo e assim por diante, engrossando a marginalidade e a exclusão nas sociedades contemporâneas em um processo sistêmico de retroalimentação ou *feedback* que reposiciona as relações de poder e exploração no capitalismo. Do meu ponto de vista essa capacidade dinâmica de o sistema social se readaptar, reintegrar e se reproduzir, é uma das contribuições fundamentais do estrutural-funcionalismo, do estruturalismo e do funcionalismo; contudo, levando em consideração que o conceito de sistema deve ser compreendido como construção teórica e não como retrato fiel da realidade, posto que o que se denomina sociedade é, dentre tantas coisas, um emaranhado de relações sociais em fluxo constante, movimento em várias velocidades e não um conjunto conciso, fechado e tendendo à homeostase.

Provavelmente o clássico mais famoso a discorrer sobre o assunto da crise sistêmica e crônica das sociedades capitalistas é Karl Marx com seu conceito de *fetichismo da mercadoria* ligado, além de outros, elaborado em *O Capital*. Ao utilizar o termo, o autor adverte para o fato de as relações capitalistas de produção fazerem com que as relações entre os seres humanos adquiram caráter de relação entre coisas ou mercadorias. Pessoas agem

---

[46] - Para Guyau o significado é, de certa forma, divergente ao de Durkheim, ou melhor, o autor enxerga na ameaça de dissolução das crenças, normas e regras, a oportunidade do surgimento de novos valores e comportamentos que podem ser construtivos engendrando também novas subjetividades e relações sociais. Merton, porém, dentre os três foi o que mais buscou ou tentou especificar os tipos de anomia e suas consequências, colocando a rebelião, eu diria mesmo revolução, como momento exemplar de transformação das estruturas sociais (STOMPKA, 1986, p.p. 158-227).

como coisas e coisas como pessoas . Para Lukács – autor que aprofundou a pesquisa sobre o conceito marxista – o processo de reificação se transforma em uma segunda natureza nessas sociedades nas quais as práticas concretas da vida cotidiana estariam afetadas pela forma estrutural da mercadoria, forma que havia sido generalizada para a maioria das esferas sociais, afetando – mais uma vez, por motivos óbvios - as subjetividades ou a maneira das pessoas se verem, se tratarem e verem o mundo; ou seja, tanto a vida exterior (as práticas) como a vida espiritual (a cultura) haviam sido contaminadas pelo *fetichismo da mercadoria* desdobrando-se em alienação em direção à reificação.

Alencar, porém, demonstra em seu texto que, apesar de toda possível reificação do mundo – a qual não cansa de demonstrar ao longo do romance –, existem momentos de solidariedade nos quais a preocupação com a alteridade escapa das garras da razão utilitária ou instrumental ou da mercantilização das subjetividades e relações. E mais do que se manifestar por uma suposta razão comunicativa, (como em Habermas), esses elementos de solidariedade estariam relacionados à própria produção *afetiva* e seu reflexo direto na moral. Além disso, ao contrário do que faz Habermas, Alencar não exclui como solução para os problemas do sistema social as relações de poder, demonstrando, *mutatis mutandis* – como Foucault o fará mais tarde –, que o poder é transversal à sociedade e também positivo, *produzindo* e não apenas reprimindo ou ameaçando. Em outras palavras: as relações conflituosas se dão nas mínimas dinâmicas da existência humana, micropolíticas, constituindo-as. É preciso ressaltar que contrária a visão funcionalista ou estrutural-funcionalista (ou mesmo aquela sustentada por Habermas[47]), da sociedade como um sistema coeso, harmônico ou

---

[47] - Habermas, por mais que busquem negar, se inspira, apesar das críticas, no modelo homeostático parsoniano de sociedade, (dentre outros), visando a construir sua teoria da ação comunicativa a qual principia como descrição e análise sociológica passando para um modelo impositivo ético de inspiração kantiana. Ainda que pese sua genialidade é preciso destacar brevemente alguns problemas referidos ao modelo do autor alemão. O primeiro é supor as relações sociais de poder como separadas da totalidade social, ou seja, o poder a princípio não pertenceria – assim como em Parsons - às relações sociais em sua totalidade, estas, não seriam, portanto, agonísticas. Da mesma forma a solidariedade estaria mais circunscrita à reservas situadas no mundo da vida, e, possivelmente na sociedade civil e suas mobilizações; o segundo problema estaria situado na questão do discurso deliberativo que o autor extrai dessa descrição (QUINTANA, 2014, p.p. 237-257). Discurso ético articulado pela *razão comunicativa*, instância normativa de consenso, igualitária e necessariamente universal. Com efeito, Habermas propõe uma dimensão política (deliberativa) de validade geral, aos moldes iluministas, na qual os falantes apartados das lutas pelo poder – o qual ele relaciona a razão instrumental - debatam igualitariamente (em iguais condições de fala), portanto sem serem constrangidos, fazendo do debate político ação consensual transformadora da sociedade por intermédio da concepção de razão que ele denomina comunicativa (HABERMAS, 1989;1999; 2012).Parece-me que ao partir de uma concepção equivocada de relações sociais, e, buscando, "salvar" o Iluminismo e o projeto moderno, as consequências éticas de suas proposições terminam inviáveis na

homeostático, minha concepção é que a sociedade é um conjunto dinâmico com movimentos e lutas constantes de forças em conflito que ocorrem em várias velocidades e tempos. O poder sendo transversal e multiplamente descentrado, sustentando uma dinâmica que mantém esse conjunto tendendo à adaptação das forças que a ele se opõem e que mesmo dele surgem. Quando esse processo chega ao máximo de sua distensão e intensidade de conflito o conjunto *pode passar* da dinâmica à transformação. De uma forma ou outra, está sempre se readaptando em níveis e dimensões diversas em um constante processo diferenciante sem necessária linearidade *teleo-lógica* (ALMEIDA, 2021, p.p. 9-11).

Portanto, as relações de poder e o conflito significam a dinâmica não apenas negativa do social, mas também seu aspecto positivo – retira-se teoricamente o aspecto negativo presente na dialética hegeliana. Seria na intersubjetividade ou *intersubjetivação* que se forma o ser humano na sua solidariedade possível. Só podemos reconhecer a singularidade de outras pessoas e seres (personificados ou não) percebendo e compreendendo os também possíveis aspectos de significados que aquelas pessoas conferem ao seu mundo e aos outros seres e pessoas do mesmo. Apenas percebemos afetivamente (e isso é fundamental como demonstra Alencar em seu romance) animais, plantas e outros seres humanos por nos darmos conta que eles assumem uma multiplicidade de significados existenciais para nós e para os outros. Significados que podem nos fazer sentir empatia.

Nesse romance, há a aproximação, ao menos em parte, a uma lógica da diferença, na qual o elemento negativo da dialética hegeliana se ausenta, pois os personagens, por mais sofredores e facínoras que possam ser, afirmam a vida e não negam o outro ou a alteridade (DELEUZE, 1981). Mesmo Jão Fera, o matador profissional, não nega a presença em si do outro – suas vítimas. Seu ódio liga-se, assim como sua função de sicário, a uma eticidade que enxerga no outro (a vítima) sua própria condição de algoz, como se todos estivessem na mesma situação trágica da existência e lhes restasse apenas afirmar a breve intensidade da condição humana concedida pelo acaso ou providência e estendida a todos:

> – Então, matas por dinheiro? Perguntou Berta com a veemência do horror, que lhe causava essa torpe exploração do crime.
>
> – É meu ofício! Disse Jão Fera com uma voz calma [...].

---

prática, ainda mais para culturas e sociedades não europeias, ou seja, antropologicamente falando, a narrativa habermasiana pode ser considerada um desdobrando mitológico-político ocidental.

> – E não te envergonhas? [...]
>
> – Envergonhar-me de quê? Não feri, nunca feri homem algum de emboscada, às ocultas, a meu salvo. Ataco de frente, a peito descoberto. Se mato é porque sou mais valente e mais forte; mas arrisco minha vida, e umas quantas vezes, bem mais do que esses a quem despacho, pois sou um só contra muitos (ALENCAR, 2012, p. 98)

Há uma economia da alteridade na qual o conceito de inimigo assinala valor cardinal, estabelecendo uma aliança possível com a alteridade mortífera e produzindo uma identidade "fusional" no romance, uma vez que Jão Fera o é porque o outro o tornou e o torna assim em um devir no qual todos estão submetidos – o inimigo sempre representa uma parte do eu que não deve ser exterminada. Jão Fera morre um pouco em cada um que ele mata e a imagem ou o espírito de suas vítimas jamais se descolam de sua existência, tornando-se parte dele, de sua dor e sofrimento, em um círculo vicioso a alimentar o sistema e o cenário do romance. Jão Fera ou Jão Bugre produz o mal e o mal é o produto do extremo sofrimento. Por trás de sua aparência sisuda há a dor: "A tortura que sofria Jão Fera não se descreve [...]. Nas crispações do rosto, como nos espasmos das pupilas, sentiam-se as vascas da convulsão que laborava aquela alma" (ALENCAR, 2012, p. 101). O outro a ser morto não é o outro a ser destruído, uma vez que este é e continua sendo eternamente semelhante, *parte do todo* Jão Fera.

Neste processo, o autor parece apontar para uma impressionante indistinção entre o agressor e sua vítima, em favor de uma espécie de manifestação da reciprocidade: "a interiorização do Outro é inseparável da exteriorização do Eu; o domesticar-se daquele é consubstancial ao 'enselvajar-se' deste". Há, especialmente em *Til*, uma geometria das relações mais do que uma física das substâncias, uma vez que o outro, por mais que seja inimigo, estranho e distante esteja, não é tratado como coisa (VIVEIROS DE CASTRO, 2002) – isso não acontece com os escravos, com os facínoras e nem mesmo com aqueles que produziram a desgraça inicial. O devir do par matador/vítima, ou dos pares opressores/oprimidos, envolve um confronto de pessoas que trocam pontos de vista e que alternam momentos de subjetivação e objetivação, em uma lógica anti-hegeliana, pois todos são mestres e afirmam sua condição mesmo sem o saber, como se as personagens alencarinas prenunciassem em *Til* o esboço do perspectivismo ameríndio, que Alencar vislumbrou em seus estudos etnográficos para a confecção do romance Ubirajara. Assim, por exemplo, a personagem Brás não é apenas a correspondência de uma deformação humana frequente nas narrativas de vingança. Comportando-se frequentemente como réptil e outros animais eventualmente interpretada como encarnação do próprio demônio, que seria vencido por Berta (ALENCAR, 2012, p.p. 215-223; PELOGGIO; SIQUEIRA, 2019).

Mas, na verdade, o que ocorre é a articulação ou o prenúncio de um pensamento selvagem no qual o outro – mesmo animal –, compõe o eu. Tanto Brás como Jão Fera apresentam *devires animais*, sem necessariamente representarem a natureza a ser domada ou o demônio a ser controlado, porém forças que devem ser compostas e recompostas, absorvidas e potencializadas para a produção de ações construtivas que afirmam a vida. Jão Fera não é o monstro angelical à la Quasímodo de Notre Dame, mas um personagem esférico que designa um devir crescente e crítico de afirmação da existência, ressaltando a eticidade alencarina a perceber a vida como âmbito no qual se traçam as resistências que têm nas forças da alegria a melhor arma (SCHÖPKE, 2020a). Da mesma forma, Brás, com todas suas explosões violentas, manifesta as forças de rejeição do contexto social de Til e mesmo uma espécie de multinaturalismo alencarino, no qual uma manifestação animalesca reitera o holismo ou horizonte compartilhado por homens e animais em uma realidade trágica interligada que os personifica (SCHÖPKE, 2020). Se Jão Fera pode ser comparado à pantera por Berta, movimento quase totêmico do pensamento selvagem no livro, (distinguindo mesmo um epônimo que o classifica), isso ocorre devido a um processo alencarino pré-perspectivista no qual não apenas seres humanos se comparam aos animais, mas com estes aprendem, pois com eles se relacionam numa perspectiva simétrica:

> [...] feras lembram-se do benefício que se lhes fez, e têm um faro para conhecerem o amigo que as salvou.
>
> – Também eu tenho, pois aprendi com elas, respondeu o Bugre; e sei me sacrificar por aqueles que me querem. Que medonha era a dor dessa natureza sanguinária, que se apascentava de cruezas e homicídios!... O eu humano é com sua besta: manso quando frugal; rábido, se o fazem carnívoro; por isso em cada sentimento há o transunto da história da nossa alma. [...] Jão Fera sofria a suma de todos os sofrimentos que derramara em seu caminho; de todas as ânsias, que sua mão levantara. Tudo nesse homem, a dor como a alegria, a raiva como o amor, a gula como a embriaguez, revestia a natureza da fera; tinha fauce para devorar, e garras que lhe dilaceravam o chão da alma, como a pata da suçuarana escarva a terra no arremessar do pulo (ALENCAR, 2012, p. 58).

Ocorre, nos escritos do autor, uma "personitude" ou "perspectividade" – capacidade de ocupar um ponto de vista, em uma questão de grau e de situação com outros seres vivos, destacando mais que propriedades diacríticas fixas desta ou daquela espécie. Como se a preocupação com a vida – não apenas humana – às vezes transformasse, por motivos éticos, alguns animais em 'mais pessoas' que os humanos, retornando a estes a solidariedade perdida, posto haver crueldade tipicamente humana, visto que gratuita, cabendo às almas sensíveis como a de Berta amenizar o sofrimento dos seres (ALENCAR, 2012a, p.p. 140-144):

> [...] logo depois surdiu dentre o maciço da folhagem a enorme orelha de um burro, que a muito curso movia o passo trôpego. De magreza extrema, ressaltavam os ossos a modo que pareciam prestes a furar-lhe o couro. Era propriamente uma carcaça [...]. A outra orelha, que não apareia, a perdera ele na mesma ocasião em que de uma foiçada lhe vazaram o olho esquerdo, levando-lhe boa parte da cabeça. Parece que o arteiro do burro conseguira furar acerca da roça de um caipira, e regalava-se de milho verde e tenra fava. Mas saiu-lhe cara a gulodice. No mísero estado em o pusera o caipira, pôde, arrastando-se, chegar àquela charneca, onde se deitou, quase moribundo, em um brejal [...]. Acaso passou Berta pelo caminho e ouvindo os gemidos, foi, guiada pelos abutres, dar com o animal agonizante no meio de uma touça de junça. Movida de compaixão venceu a natural repugnância que lhe devia causar o aspecto da ferida para lavá-la e cobrir com folhas de fumo atadas por embira [...]. Repetiram-se estes cuidados, até que afinal começou a ferida a cicatrizar; mas deixara o burro em tal lazeira, que ainda era duvidoso se escaparia. Não desanimou Berta, que cuja alma se produziam na maior efervescência os transportes dessas abnegações veementes, que são para certas naturezas uma necessidade irresistível de expansão.

Desta forma, a máxima alteridade é respeitada em seu direito à vida e à diferença. Nesta perspectiva eu sou o outro do outro. *Til* é o retrato de um mundo trágico, no qual a ordem social é abalada constantemente por linhas de fuga escatológicas, encontradas talvez nos quadros de Francis Bacon, como aponta Deleuze em outras circunstâncias. Oferece a representação de um sistema social em constante e irresoluto desequilíbrio, no qual apenas a solidariedade, o amor e o direito à diferença apaziguam a constante penúria dos seres, produzida por traições e danos do passado que perpetuam a miséria, a injustiça e o sofrimento causado nos humanos pelos próprios humanos, em suas ações desencontradas, e nos outros seres vivos pelos humanos em sua condição desequilibrada – o mal é produto de intenso sofrimento. Não há bem e mal, mas sofrimento e resistência. Jão Fera é um ser à margem, essa marginalidade se apresenta como uma forma de resistir a um sistema duro e que endurece a alma das pessoas e animais ao domesticá-los, explorá-los e exterminá-los. A inconstância do personagem lembra o estudo dos antropólogos contemporâneos Caetano Sordi e Bernardo Lewgoy (2017, p.p. 75-98) sobre a inserção do javali no contexto da Campanha gaúcha. O comportamento desse animal não se adequa ao esperado tanto por especialistas em biologia, o interesse dos monocultores, a população nativa ou local, as ovelhas e o próprio conjunto vegetal da região como as gramíneas e os eucaliptos. O animal é, portanto, um ser ontologicamente rebelde, causador de conflitos e obrigando a reestruturação do contexto das relações, aparecendo como agente social. Etnografando essas relações os autores produzem o conceito de *feralidade* sugerido por esse comportamento do javali nesse contexto contemporâneo. Comportamento que resiste a domesticação e afeta os outros elementos do sistema social levando-nos em direção a uma antropologia simétrica na qual humanos, animais e objetos interagem modificando-se constantemente. Jão Fera, assim como o javali da etnografia, é um desadequado, desajustado, um marginal que desequilibra o sistema, retratando os padrões de violência que o mesmo naturaliza, e, ao fazê-lo desafia a ordem abrindo a possibilidade para sua transformação por meio de devires animais que são

> desterritorializações absolutas [...] *liberdade de movimento*, que [...] falta completamente e [é] concedida em outra esfera. Devir animal é precisamente fazer o movimento, traçar a linha de fuga em toda sua positividade, ultrapassar um limiar atingir um continuum de intensidades puras, em que todas as formas se desfazem, todas as significações também, significantes e significados, em proveito de uma matéria não formada, de fluxos desterritorializados, de signos assignificantes. [Os devires] animais [...] correspondem [...] a gradientes ultrapassados, a zonas de intensidades liberadas em que os conteúdos se franqueiam e suas formas, não menos que as expressões dos significantes que as formalizava. Nada além de movimentos, vibrações, limiares. (DELEUZE; GUATTARI, 2014, p. 27. Grifos dos autores).

As relações sociais surgem como trama de poderes, danos, contradanos, dons e contradons, sempre repetidos formalmente ao longo das diferentes etapas do tempo ou da História com seu conteúdo relacional. O sossego é um momento passageiro em um campo de lutas e aguerridas disputas, no qual homens e animais estão submetidos ao devir inexorável e cruel do mundo. O romance, de acordo com Araripe Júnior, exibe "uma galeria de sofredores e revoltados". Porém, (e aí está um dos elementos da eticidade alencarina), é das mesmas estruturas sociais deste mundo cruel, sufocado e dolorido que surgem parcelas de oxigênio e esperança, resistências, devires-animais e *feralidades*, levando personagens a não apenas suportarem sua condição, mas modificá-la, encontrando novas formas de afirmar a vida.

Os personagens, por mais deformados, excluídos, miseráveis na carne e no espírito que sejam, conseguem, em determinados momentos, disparar lufadas de esperança, regeneração, beleza e força vital, subvertendo, em sua miséria, a condição sofredora ao estender para o outro a força incontornável da alegria de viver arrancada da dor pelos gestos solidários, - os quais não deixam de serem rebeldes -, que quebram momentaneamente a cadeia do sofrimento, opressão e dominação. A peça central do romance é a menina Berta. Fruto de um estupro, ela é a representante da ação em prol do outro e da doação de si. Personagem que também por sua atitude e ética, surge como elemento de resistência que suspende o fluxo de miséria na qual navegam humanos e não-humanos:

> Apenas afastou Berta a faxina que servia de porta ao cercado, saiu debaixo de sua palhoça uma galinha sura e muito arrepiada. Não tinha pés a pobre, que lhos havia ruído à noite os ratos; andava aos trancos, sobre os cotos que mal a ajudavam a saltar, e incapazes de sustê-la, a deixavam cair a cada passo, cobrindo-a de terra, o que a fazia mais feia ainda.

> Tanto que a avistou, correu a menina ao seu encontro e tomando-a no colo, deu-lhe a comer um punhado de milho que tirou do saco. Farta a galinha da sua pitança, levou-a Berta à bica, para matar-lhe a sede, e lavar-lhe as penas sujas de poeira e cisco.

> [...] não havia aí para ela unicamente o atrativo de uma afeição [...]. Impulso mais forte era o que movia o coração de Berta para aquele mísero ente, como para todo o infortúnio que encontrava em seu caminho.

> Ninguém na casa se importava com essa galinha, a não ser para fazer-lhe mal (ALENCAR, 2012a, p.p.125-127).

A piedade de Berta, sua preocupação com os viventes é atestada em um movimento no qual a personagem é construída como alegoria maior da solidariedade e da ação social que busca harmonia, manutenção e expansão vital. Berta manifesta dedicação e respeito ao outro, relembrando constantemente que o sentido da identidade pessoal só pode existir no contexto relacional de troca no sistema social, por intermédio da alteridade na alteridade. Ela é a própria outridade irredutível, demonstrando que aquilo que chamamos identidade não passa de um momento, um instante de relação com os diversos elementos que identificamos. Desta feita, não há Identidade absoluta, mas identificações, variações relacionais em um contexto social de papéis constituídos em diferentes velocidades por intermédio e através de outros papéis sociais.

Identidades, assim, são identificações, e não uma essência de um suposto Sujeito apartada dos objetos do mundo, são diversidades com velocidades distintas se combinando com devires humanos, animais e objetais em um processo de formação do campo social que, por sua vez, se compõem pela mesma combinação, inscrevendo-se e deixando-se inscrever por algo que se torna da ordem da subjetivação, mas que é, na verdade, um avatar. Destarte, enquanto unidade de significação, o sujeito – ou a identidade – existe em função do lugar que ocupa no interior de um sistema de significantes do qual ele faz parte. Fora deste sistema ao qual pertence, o mesmo sujeito ou subjetivação resta de todo indeterminado, ou seja, sem qualquer significado. Isto equivale a dizer que indivíduo, pessoa, sujeito, identidade existem apenas e somente em relação a outros elementos de um conjunto social. Sua permanência (e função) está diretamente ligada e interligada à existência e à função de outros sujeitos, outras identidades, sejam elas quais forem – uma sendo causa e por causa da outra. Todas as peças do sistema estão diretas ou indiretamente interligadas formando constantes fluxos, em disputas, amores, ódios, enfim em forças se decompondo, compondo e recompondo, em conjunção ou disjunção conformando o que se denomina sociedade e que não passa da ação dinâmica de velocidades e espaços sobrepostos ou diversos.

Por conseguinte, o sistema social é um sistema de diferenças diferenciantes. Não há jamais significante eterno ou em si, identidade imutável ou essencial, pois todo elemento, sujeito, significante ou identidade, existe circunstancialmente (histórico-socialmente) em função de outro elemento temporal. Existem, portanto, apenas fluxos em diferentes velocidades que formam sistemas de durações diversas e de níveis diferenciantes denominados sistemas sociais. Resolve-se que cada elemento do sistema social constitui-se a partir do rastro, que nele existe, dos outros elementos da cadeia ou do sistema, portanto, não havendo como existir nesse processo um Sujeito Transcendental plenamente livre, a-histórico ou suprassocial. Por conseguinte, em toda parte, existem diferenças e rastros de rastros, sendo a dinâmica deste sistema uma intermitente disputa por potência, status, posições, autoridade, capitais ou mesmo sobrevivência. Esta tensão constante é sobrepujada momentaneamente por ações solidárias e por buscas por reconhecimento, em outras palavras: pelo direito às condições dignas, por amor e solidariedade, o que remete ao fato de que, se há condicionamento da ação, o ator, contudo, apresenta também margens de liberdade nas quais atua. Mas é no desequilíbrio das relações ou intersubjetivações que o sistema apresenta sua dinâmica e adaptação preservando suas características estruturais.

Este movimento, por sua vez, parece sugerir que será cada vez mais autônomo o processo quanto mais o agente apresentar visão crítica e reflexiva a respeito do seu contexto, quanto mais conhecer e reconhecer o funcionamento do mesmo. O que equivaleria afirmar que o sistema social seria um sistema aberto, no qual a subjetividade coletiva e a criatividade teriam papel fundamental na dinâmica do mesmo. Contudo, não abraço essa perspectiva generalizante de caráter racionalista e neoiluminista que descarta a força dos afetos, emoções e desejos tanto na manutenção quanto na possível transformação social, recriando em outros termos a mesma concepção de sujeito livre, e, portanto, consciente, inventado pela tradição visando a justificar uma visão baseada na identidade imutável do ser. Concepção que repele a diferença subsumindo-a sempre que possível à mesma identidade, esquecendo ou negando que o sujeito "é a modalidade de poder que se volta sobre si e assume uma forma [enganosa] reflexiva, [sendo] o efeito do poder em recuo." (BUTLER, 2017, p. 15).

Considerações finais

Axel Honneth, o mais destacado pensador da terceira geração da Escola de Frankfurt elabora uma concepção teórica que embora se mantenha, de certa maneira, no caminho neoiluminista do seu professor Habermas, busca abraçar, ao menos em parte, o problema dos afetos e emoções como mobilizadores da ação social. Todavia, o faz subsumindo-os ao esquema racionalista e comprometido com os valores e preconceitos da modernidade e sua suposta capacidade de emancipação humana por intermédio da razão e o faz a partir de uma concepção de solidariedade humana inata que é articulada pela intersubjetividade a qual produz uma consciência individual e coletiva mobilizadora de lutas identitárias. Por conseguinte, ao adquirirem a percepção de que estão sendo desrespeitadas ou alienadas em três esferas fundamentais, a saber: o amor, o direito e a solidariedade, as pessoas seriam levadas a se unirem e organizarem visando a conquista desses elementos que lhe são ou foram negados. Para Honneth conflitos levariam à formação de identidades coletivas, sendo o elemento propulsor das mudanças e mesmo transformações sociais (2008, p.p. 195-212). Minha perspectiva é diferente desta do autor, abraço a ideia oposta à qual concebe o conflito como dissipador de identidades, causador de distúrbios sociais e psicológicos produzindo frustração, desilusão, insatisfação e revolta, estas sim vetores de mobilização. Sendo constitutivo dos desejos e interesses o conflito é insuperável enquanto elemento social, não havendo síntese possível para suas contradições o que leva os seres humanos no máximo a tentativa, por vezes mais eficaz, por vezes menos, de administrá-los, geri-los e suportá-los (DERRIDA, 1974), o que caracteriza uma perspectiva trágica da realidade bem diferente da visão neoiluminista honnethiana que leva a uma concepção no geral ainda influenciada pela pensamento de Hegel aplicado à análise dos sistemas sociais direcionados teleologicamente para uma quase garantida perfectibilidade humana bastante improvável.

Procurei aqui utilizar apenas alguns aspectos da teoria do reconhecimento buscando depurar seu caráter racionalista e seu compromisso inarredável com a filosofia eurocêntrica e historicista de Hegel e sua dialética comprometida com o negativo visto como elemento essencial para o movimento social e a transformação do mundo. Em Alencar (e de forma similar em Deleuze), o movimento, tanto como dinâmica ou mudança, quanto transformação, se realizaria na diferença, sendo esta apenas afirmativa (DELEUZE, 1981), não havendo síntese, ou se havendo, sendo disjuntiva, posto ser o devir algo distinto do conceito de progresso ou aprimoramento moral relacionado a uma Identidade definitiva. A transformação de valores e costumes não é teleológica ou inexorável, nem mesmo garantida, posto não haver nenhuma essência universal a sustentar a moral ou a reciprocidade solidária (BUTLER, 2018, p.p. 143-149). Isto, porém, não exclui o fato de a negatividade como representação social e prática – o ressentimento, o niilismo, a inveja, etc., – existir nas relações sociais e nos movimentos sociais e ações individuais como força propulsora niilista ou conjunto de afetos tristes, os quais não produzem afirmação da vida, ou seu equivalente espinosano -: a disposição alegre e construtiva diante do mundo (SCHÖPKE, 2020a).

Diante disto, busco experimentar a partir do texto alencarino a descrição da mudança nos sistemas sociais, sem desprezar o papel dos atores e sua reflexividade nesta dinâmica a partir do conflito enquanto *histerese* ou *habitus clivado*, conforme conceituado por Bourdieu. Assim sendo, mantive a concepção de poder presente nos pensamentos de Nietzsche e Foucault na qual o mesmo é percebido enquanto partícipe constitutivo de todas as dimensões ou esferas sociais, sendo não apenas opressor, mas também força criativa e afirmativa, ou seja, produtora – embora nunca definitivamente - de relações solidárias.

Em consonância, como ressalta Honneth, o indivíduo conseguiria realizar uma relação positiva consigo mesmo ao ser reconhecido – tendo afeto, direitos e admiração (estima social) - pelos demais membros do grupo ou comunidade do qual faz parte. Grupos ou comunidades nas quais encontra-se constantemente situado e envolvido, apresentando como parte constitutiva de si, conforme Derrida (2006), marcas, traços ou *rastros* de outros indivíduos pelos quais passou se relacionou e que por ele passaram, processo que constituiria, por força de expressão, os mesmos sistemas sociais – conjuntos dinâmicos de formas mutáveis de sentir, agir e pensar como bem escreveu Durkheim.

Por conseguinte, a luta social não é apenas reflexiva, no sentido de um sujeito racional e consciente de seus atos e realidade, mas sentimentalmente e, também, inconscientemente motivada. Como as forças de *conservação* agem de acordo com os posicionamentos, táticas e estratégias das forças de *transformação* em luta, - por vezes mais intensa outras menos -, a transformação não se completaria necessariamente de forma linear, e nem mesmo seria certa e garantida em sua realização positiva, ou seja, as demandas e lutas políticas por reconhecimento, uma vez sendo produto dos embates micro e macrossociais podem tornar-se reativas, reacionárias ou retrógradas. Em um esboço aguado de intersecção teórica entre Honneth, Foucault e outros autores considerados pós-estruturalistas, ressalto que a concepção iluminista e eurocêntrica de progresso não passa de ilusão pertencente ao conjunto mítico-político ocidental (GIRARDET, 1987). Com efeito, depurando toda a carga iluminista e metafísica da teoria do reconhecimento, podem sobrar alguns elementos que auxiliam a análise da dinâmica social e a leitura de alguns textos literários como aquelas percebidas na leitura do romance *Til*, no qual, apesar de não existir a descrição de um movimento social como instância macropolítica, há, por outro lado, a clara manifestação de lutas micropolíticas ou intersubjetivas por parte dos personagens excluídos, maltratados, violentados e desrespeitados, que conseguem encontrar apenas na solidariedade da protagonista Berta, em seu amor e no reconhecimento por ela das diferenças destas alteridades, a dimensão integradora na qual podem se unir institucionalmente como uma família.

Mas é preciso lembrar com Nietzsche que a vida não necessita apenas se manter ou ser reconhecida ela quer e busca se expandir, se afirmar e se impor. Isso significa que no processo de existência existem forças solidárias que se compõem e fortalecem lutando por harmonia, porém, essas não precedem nem existem sem seu contraponto inerente aos seus movimentos; esse contraponto é o ímpeto por dominar, por vezes tiranizar e mesmo explorar. Ao conceber o reconhecimento como uma espécie de via para o bom selvagem primordial a teoria de Honneth se apresenta como utopia normativa radicada em uma antropologia filosófica que se sustenta apenas enquanto mito ocidental. O panorama dado pela obra *Til* de Alencar nos apresenta um cenário de sofrimento que encontra alívio momentâneo nas ações benevolentes de Berta a qual articula, para com todos os seres, uma solidariedade similar a uma ilha de paz no caótico oceano de lutas pela dominação que constitui a sociedade. Ela surge, segundo Alencar (2012, p. 290), como a bela flor "que nasce para perfumar os abismos da miséria".

Referências

ALENCAR, José de. *Til*. Romance Brasileiro. Cotia, SP: Ateliê Editorial. 2012.

ALENCAR, José de. *Til*. Texto Integral. Rio de Janeiro: Nova Fronteira, 2012a.

ALENCAR, José de. *Antiguidade da América e A Raça primogênita*. Edição: Marcelo Peloggio. Fortaleza: UFC, 2010.

ALMEIDA, Mauro. *Caipora e Outros Conflitos Ontológicos*. São Paulo: Ubu Editora, 2021.

ARARIPE JUNIOR, Tristão de Alencar. Nota Preliminar. In: *Til*. Rio de Janeiro: Nova Fronteira, 2012.

BATESON, Gregory. *Naven. Um esboço dos problemas sugeridos por um retrato compósito realizado a partir de três perspectivas da cultura de uma tribo da Nova Guiné*. São Paulo: Edusp, 2008.

BLACKBURN, Robin. Por que segunda escravidão? In: MARQUESE, Rafael; SALLES, Ricardo. *Escravidão e Capitalismo Histórico no Século XIX*. Cuba Brasil Estados Unidos. Rio de Janeiro: Civilização Brasileira, 2016.

BORNHEIM, Gerd. *Os Filósofos Pré-Socráticos*. São Paulo: Cultrix, 2000.

BOSI, Alfredo. Imagens do romantismo no Brasil. In: Guinsburg, Jacob. *O Romantismo*. São Paulo: Perspectiva, 2008.

BOURDIEU, Pierre. *Meditações Pascalianas*. São Paulo: Bertrand Brasil, 2001.

BUTLER, Judith. *A vida Psíquica do Poder*: Teorias da sujeição. Belo Horizonte: Autêntica Editora, 2017.

BUTLER, Judith. Adotando o ponto de vista do outro: Implicações ambivalentes. In: HONNETH, Axel. *Reificação*. Um estudo da teoria do reconhecimento. São Paulo: Editora Unesp, 2018.

DELEUZE, Gilles. *Nietzsche e a Filosofia*. Porto: Rés Editora, 1981.

DELEUZE Gilles; GATTARI, Félix. *O Anti-Édipo*. Capitalismo e esquizofrenia. São Paulo: Ed. 34. 2010.

DELEUZE Gilles; GUATTARI, Félix. *Kafka*. Por uma literatura menor. Belo Horizonte, Autêntica Editora, 2014.

DERRIDA, Jacques. *Gramatologia*. São Paulo: Perspectiva, 2006.

DERRIDA, Jacques. *Posições*. Belo Horizonte: Autêntica Editora, 2001.

DOMINGUES, José Maurício. *Criatividade Social, Subjetividade Coletiva e a Modernidade Brasileira Contemporânea*. Rio de Janeiro: Contracapa, 1999.

DURKHEIM, Émile. *O Suicídio*. São Paulo: Martins Fontes, 2002.

DURKHEIM, Émile. *Da divisão do Trabalho Social*. São Paulo: Martins Fontes, 2008.

ESPINOSA. Baruch. *Ética*. São Paulo: Abril Cultural, 1979.

EVANS-PRITCHARD, Edward Evan. *Os Nuer*. Uma descrição do modo de subsistência e das instituições políticas de um povo nilota. São Paulo: Editora Perspectiva, 2011.

FERNANDES, Florestan. *A Função Social da Guerra na Sociedade Tupinambá*. São Paulo: Contracorrente, 2022.

FRASER, Nancy. Da redistribuição ao reconhecimento. *In*: SOUZA, Jessé (org.). *Democracia Hoje*. Brasília. Ed. UnB, 2003.

FREUD, Sigmund. *O Mal-estar da Civilização*. São Paulo: Penguim/Companhia das Letras, 2011.

FOUCAULT, Michel. *Microfísica do Poder*. Rio de Janeiro: Edições Graal, 1979.

FOUCAULT, Michel. *Ditos e Escritos* V. Ética, sexualidade, política. Rio de Janeiro: Gen/ Forense Universitária, 2012.

FOUCAULT, Michel. *Dizer a Verdade Sobre Si*. São Paulo: Ubu Editora, 2022.

GIRARDET, Raoul. *Mitos e Mitologias Políticas*. São Paulo: Companhia das Letras, 1987.

HABERMAS, Jürgen. *Consciência Moral e Agir Comunicativo*. Rio de Janeiro: Tempo Brasileiro, 1989.

HABERMAS, Jürgen. *Teoria do Agir Comunicativo*. v. I e II. São Paulo: Martins Fontes, 2012.

HABERMAS, Jürgen. *Comentários à Ética do Discurso*. Lisboa: Instituto Piaget, 1999.

HONNETH, Axel. *Reificação*. Um estudo da teoria do reconhecimento. São Paulo: Unesp, 2018.

HONNETH, Axel. *Luta por Reconhecimento*. Gramática moral dos conflitos sociais. São Paulo: Ed. 34, 2003.

LEACH, Edmond. *Sistemas Políticos da Alta Birmânia*. São Paulo: Edusp, 2014.

LÉVI-STRAUSS, Claude. *O Pensamento Selvagem*. São Paulo: Papirus Editora, 2002.

LORDON, Frédéric. *A Sociedade dos Afetos*. Por um estruturalismo das paixões. São Paulo: Papirus Editora, 2015.

LUKÁCS, Georg. *História e Consciência de Classe* – estudos sobre a dialética marxista. São Paulo: Martins Fontes, 2003.

MARX, Karl. *O Capital*. Crítica da economia política. v. I. São Paulo: Abril Cultural, 1983.

MAUSS, Marcel. Ensaio sobre a Dádiva. *In: Sociologia e Antropologia.* v. I. São Paulo: Edusp, 1974.

MERTON, Robert King. *Teoria y estructura sociales.* México: FCE, 2002.

PARSONS, Talcott. *On Institutions and Social Evolution.* Chicago University Press, 1985.

PELOGGIO, Marcelo. Apresentação – Til, ou as amarras do amor. *In*: ALENCAR, José de. *Til.* Romance Brasileiro. Rio de Janeiro: Nova Fronteira, 2012.

PIERUCCI, Antônio Flávio. *O Desencantamento do Mundo*: Todos os passos de um conceito. São Paulo: Ed. 34, 2003.

QUINTANA, Fernando. *Ética e Política.* Da antiguidade clássica à contemporaneidade. São Paulo: Atlas, 2014.

RADCLIFFE-BROWN, Alfred. *Estrutura e Função nas Sociedades Primitivas.* Lisboa: Ed. 70, 1989.

RICARDO, Thiago Vidal. *O Anti-Édipo e o Problema Fundamental da Filosofia Política em Deleuze e Guattari.* Curitiba: Appris Editora, 2022.

ROLNIK, Sueli. *Antropofagia Zumbi.* São Paulo: n-1 Edições, 2021.

SCHÖPKE, Regina. *As Origens da Opressão.* A escravidão humana e animal. Rio de Janeiro: Confraria do Vento, 2020.

SCHÖPKE, Regina. *Alegria.* A verdadeira resistência. Rio de Janeiro: Confraria do Vento, 2020a.

SIMMEL, Georg. *Filosofia da Moda e outros escritos.* Lisboa: Edições Texto & Grafia, 2008.

SORDI, Caetano; LEWGOY, Bernardo. Javalis no pampa: Invasões biológicas, abigeato e transformações da paisagem na fronteira brasileiro-uruguaia. *Horizontes Antropológicos*, Porto Alegre, ano 23, n. 48, maio/ago. p. 19-48, 2017.

STOMPKA, Piotr. *Robert K. Merton. An intelectual profile.* London: Macmillan Education, 1986.

TEIXEIRA, Ivan. Luz e sombra em Til. In: ALENCAR, José de. *Til.* Romance Brasileiro. Cotia, SP: Ateliê Editorial, 2012.

VIVEIROS DE CASTRO, Eduardo. *A Inconstância da Alma Selvagem*. São Paulo: Cosac Naify, 2002.

VIVEIROS DE CASTRO, Eduardo. *Araweté*: os deuses canibais. Rio de Janeiro: Zahar, 1986.

WEBER, Max. *A Ética Protestante e o Espírito do Capitalismo*. São Paulo: Companhia das Letras, 2004.

WEBER, Max. *Os Fundamentos Racionais e Sociológicos da Música*. São Paulo: EDUSP, 1995.

WEBER, Max. A psicologia social das religiões mundiais: In: *Ensaios de Sociologia*. Rio de Janeiro: Zahar, 1982.

GUERREIRO SOLITÁRIO: A ETNOLOGIA PRECURSORA DE JOSÉ DE ALENCAR

Um grande livro é sempre o avesso de um outro livro
que só se escreve na alma, com silêncio e sangue.
Deleuze.

Tradição e identidade

Nenhum escritor foi mais digno que Alencar, mas também nenhum outro foi tão injuriado e odiado. Esta paráfrase do famoso escrito de Gilles Deleuze (2002) sobre Baruch Espinosa pode ser aplicada ao papel exercido por José de Alencar no pensamento brasileiro. As interpretações clássicas de sua obra passam de forma assintótica pela densidade e capacidade visionária do escritor cearense ou se instalam no cenário crítico sem conseguir detectar a sutileza e os aspectos cosmológicos de seu trabalho.

Homem além de seu tempo. Vejo no caso alencarino o que Nietzsche escreveu no prólogo de seu *O Anticristo*: alguns homens nascem póstumos; e isso devido ao caráter extemporâneo de seus pensamentos. Diante dessa perspectiva, tentarei aqui uma leitura de uma pequena parte de sua obra, destacando a importância revolucionária e precursora de determinado aspecto de seu pensamento: o etnológico.

Não pretendo analisar o sociologicamente denominado "campo literário", ou as dimensões sociais da formação do pensamento do autor com suas relações histórico-econômicas que incidiriam sobre a formação de sua pessoa ou papel social, mas esboçar uma abordagem "internalista" de sua obra; ou seja, sem negar a importância da primeira perspectiva, parto do pressuposto que obras, textos e sistemas intelectuais (músicas, quadros, mitos, etc.) estabelecem diálogo entre si. E esse diálogo nem sempre está enraizado em um determinante histórico-econômico, mas sugere características inerentes a certas dimensões constantes no pensamento. Experimento a comparação da composição interna de obras - ou parte delas - confrontando suas dimensões que apesar de similares, não são necessariamente produtos de um mesmo processo histórico-social ou época (LÉVI-STRAUSS, 1991; PONTES, 1997, p.p. 57-71; VIVEIROS DE CASTRO, 2002; 2005;

DELEUZE, 2008). Arte, ciência e filosofia empreendem um recorte no caos por intermédio de procedimentos distintos, mas que levam à construção do pensamento: "Pensar é pensar por conceitos [no caso da filosofia], ou então por funções [no caso da ciência], ou ainda por sensações [no caso da arte], e um desses pensamentos não é melhor que um outro, ou... mais sinteticamente 'pensado'" (DELEUZE; GUATTARI, 1992, p. 254).

Há na teoria literária e na história da literatura brasileira uma espécie de senso comum douto, (BOURDIEU, 2003), a conceber o autor de Iracema e Ubirajara como representando ingênua expressão do romantismo e indianismo nacionais - exceção feita ao trabalho de Amoroso Lima, (1965), Lúcia Helena (2000, p.p. 125-148; 2006) e Marcelo Peloggio (2004, p.p. 81-95; 2004a;). Esse senso comum tornou-se uma espécie de escolástica, a qual se reproduz, aula por aula, tese por tese (em quase todos os quadrantes das instituições de ensino e pesquisa em literatura e pensamento brasileiro) a figura do autor cearense como ícone do conservadorismo preconceituoso e, mesmo retrógrado, já que, ao tratar "primitivos" como heróis, respaldaria o poder do branco colonizador por transferir ou contrabandear para suas sociedades elementos característicos europeus.

Essa corrente percebe também o pensamento do escritor cearense como sedentário e platônico - demonstração viva da tradição metafísica ocidental (BOSI, 1992; MORAES PINTO, 1995; RIBEIRO, 2004; RAMOS, 2006). Mostrando desconhecimento de etnologia e teoria social, alguns críticos interpretam Alencar como mero glosador tropical de Chateaubriand ou Walter Scott. Transfigurador de "bugres" em cavaleiros medievais; escritor preocupado apenas em inventar e consolidar, - por intermédio de personagens sem profundidade psicológica -, o estofo mítico de uma nação por construir a partir da perspectiva moralista e classista de um aristocrata do Segundo Império. Essa tradição não percebe, na obra de Alencar, a capacidade de captar, compreender e expor, por exemplo, o pensamento ameríndio e sua ética - pensamento com o qual o autor se identificava. Os escolásticos da teoria não captam o esforço do escritor em dar vezo não apenas a uma nova moral, (o que seria até menor), mas a uma ética da *diferença*, uma transvaloração dos valores, marcada pela busca do singular nas terras do Brasil sem perder de vista a universalidade da honra e do respeito à vida – disposição e compromisso que pautou a postura política e pessoal do autor. Minha intenção é tentar fugir deste tradicional viés interpretativo, buscando os fluxos e percepções antecipatórios do pensamento de Alencar, ao menos em parte. Neste breve empreendimento, não encaro a

EXPERIMENTOS: TEORIA SOCIAL *NA* LITERATURA DE JOSÉ DE ALENCAR E MACHADO DE ASSIS

literatura como substituta da ciência e vice-versa, ou mesmo que o autor haja sido sociólogo (ou etnólogo) antes de a sociologia ser institucionalizada de fato (embora talvez fosse antropólogo à sua maneira). Esse trabalho visa a apontar tão-somente de que forma o pensamento atravessa tanto artes, ciências como filosofia, produzindo intersecções ou ecos nesses territórios ou campos específicos.

Alencar, ao construir essa fase de sua obra, pesquisou a fundo documentos etnográficos disponíveis em seu tempo, chegando a conclusões inovadoras para sua época, antecipando mesmo parte significativa do pensamento antropológico e etnológico que começaria a se consolidar, na Europa e nos EUA, cinquenta anos após seus trabalhos. Utilizo como base de análise as notas etnográficas do romance *Ubirajara* com as quais Alencar vasculha e compara dados da etnografia ameríndia coletados durante séculos por viajantes, cronistas, missionários e naturalistas. *Ubirajara*, além de repleto de cosmologia, remete às descrições das sociedades à época, através de suas notas, não apenas para respaldar posições filosóficas, mas para sugerir o quanto o pensamento pode se manifestar de forma similar em diversos platôs da produção humana (DELEUZE; GUATTARI, 1995).

Produto ímpar da narrativa nacional, *Ubirajara* apresenta dois fluxos textuais com diferentes velocidades interligados paralelamente: o ficcional e o etnológico. Neste último, o autor elabora explicações linguísticas, cosmológicas e sociológicas numa época (1865-1874) em que não havia, ainda, o que podemos hoje denominar antropologia social ou cultural ou sociologia consolidadas. O que mais impressiona, nessa extensa *perigrafia* ou *paratexto*, é a inovação e a originalidade de um pensamento que percebeu conceitos e o *modus vivendi* de povos da América do Sul, antecipando categorias e lógicas apenas esboçadas e consolidadas nas etnografias e teorias do pensamento social do século XX e XXI- pensamento que sugeriu de que forma a selvageria, vista como atrasada à época, era na verdade, culta em diversos aspectos teóricos e práticos. Por conseguinte, há um esboço de teoria etnológica nas notas de *Ubirajara*, avançando um pensamento teórico antagônico - : por um lado, oposto a tudo que, na época, se fazia em ciência das sociedades e, por outro, a quase tudo que até hoje tem sido feito e dito, em teoria da literatura sobre o autor e suas posturas teórico-políticas.

Santiago, (1984), sustenta que Alencar, nesse romance, mostra maior maturidade no conhecimento da cultura indígena, já que o romance fora editado em 1874, enquanto *O Guarani*, por exemplo, o fora em 1857 - fato que sugere maior comprometimento do autor com o nacionalismo. Não vemos apenas intensidade nacionalista em *Ubirajara*, mas preocupação em ressaltar a singularidade ontológica das sociedades pré-cabralianas; singularidade que, apesar de se manifestar no particular, poderia ser encontrada na forma *diferenciante* de todo devir cultural. Nesse movimento o autor se depara com a diferença imanente ao pensamento ameríndio e a repetição de características éticas e honoríficas gerais, antecipando premissas básicas de uma das principais escolas do pensamento antropológico do século XX - o estruturalismo[48] e o perspectivismo ameríndio.

É na singularidade do *pensamento selvagem* intuído pelo autor que surge a questão do devir e suas implicações na cosmologia das terras baixas da América do Sul. Neste aspecto, como sugerido acima, a maior falta dos críticos e autores da literatura comparada, ao examinarem o indianismo alencariano, reside no desconhecimento da antropologia cultural, ou parte fundamental dela: os estudos etnológicos. Sem competência sociológica para elaborar e aprofundar análises sobre as sociedades ameríndias, esses críticos literários - dos mais renomados aos mais obscuros – inventam e reinventam um lugar comum para classificar, confortavelmente, parte importante da obra alencarina tida como manifestação de apologia ingênua ao homem selvagem, ou antes, simples expressão do romantismo e indianismo nacionais, quando não, simples cópias dos modelos literários ingênuos provenientes da Europa.

Alteridade e perspectivismo

A preocupação em *relativizar* a observação dos povos indígenas pode ser percebida na seguinte passagem da advertência feita por Alencar no início de *Ubirajara*:

> [...] quem por desfastio percorrer estas páginas, se não tiver estudado [...] há de estranhar entre outras coisas a magnanimidade que ressumbra no drama selvagem e forma-lhe o vigoroso relevo. Como admitir que bárbaros quais (os europeus]

---

[48] - Seria injustiça olvidar um autor do período - de acordo com os historiadores da Antropologia Cultural - que, do mesmo modo que Alencar, intuiu a universalidade do espírito humano, combatendo as teorias evolucionistas da época: o alemão Rudolf Bastian (1826-1905). Bastian, em 1860, publicou, em três volumes, a obra *Der Mensch in der Geschichte*, na qual combatia, de forma vigorosa e incisiva, o evolucionismo. Sua visão era de que todas as culturas têm uma origem comum, antecipando, por este lado, o difusionismo de Franz Boas (1858-1942) e, por outro, o estruturalismo lévi-straussiano; pois afirma que todos os seres humanos apresentariam padrões elementares e universais de pensamento em comum: *Elementärgedanken*. (ERIKSEN; NIELSEN, 2007).

> nos pintaram os indígenas, brutos e canibais, antes feras que homens, fossem suscetíveis desses brios [...] ? (ALENCAR, s/d. [1874], p. 102).

Em uma das notas, Alencar também sugere a necessidade de um estudo de campo calcado na pesquisa neutra, o qual permitisse aos observadores compreenderem melhor os valores e costumes vigentes nas sociedades indígenas, pois as especulações sobre "os bugres" apenas construíam imagens distorcidas de suas práticas ao não situarem-nas no contexto funcional no qual se apresentavam:

> um povo que mantinha as tradições a que aludimos, [e] não era certamente um acervo de brutos, dignos do desprezo com que foram tratados pelos conquistadores. E quando, através de suas falsas apreciações, a verdade pôde chegar até nossos tempos, o que não seria se espíritos despreocupados e de vistas menos estreitas, vivendo entre essas nações primitivas, se aplicassem ao estudo de suas crenças, tradições e costumes? (ALENCAR, s/d. [1874], p. 115).

Ao estudar os dados etnográficos relativos aos nativos das terras brasileiras, o autor percebe o ameríndio de forma radicalmente oposta àquela dos positivistas e evolucionistas sociais de sua época, afirmando que a cultura destes povos apresentava valores, normas e costumes com lógica e racionalidade dignas de cunho universal[49].

Assim, se *Ubirajara* lembra um nobre europeu em sua gesta de honra, não é porque o autor faz o contrabando de um tipo medieval para o meio indígena, mas porque um elemento determinado de pensamento e perspectiva, com suas consequências práticas e comportamentais, apresenta-se por intermédio de componentes de qualquer cultura ou sociedade ao longo daquilo que concebemos como história. Existiriam, portanto, manifestações de nobreza e honra similares nas sociedades em geral, embora, por vezes, com conteúdo significativo variado; o herói ameríndio seria desta feita não um cavaleiro, mas um contracavaleiro. Por conseguinte, o que o autor fazia estava longe de ser uma cópia ou transposição de tipos eurocêntricos, mas se constituía em conhecimento advindo das suas pesquisas a respeito das sociedades e culturas indígenas.

---

[49] - "[...]Alencar foi, acima de tudo, por mais paradoxal que pareça, um espírito marcado pelo instinto da universalidade. Seu nacionalismo e até seu regionalismo ou seu indianismo são uma consequência e não uma causa do seu universalismo". (AMOROSO LIMA, 1965, p. 40.). Vale ressaltar que o universal aqui não é aquele do Mesmo presente na metafísica, porém aquele relacionado ao conceito de diferença.

Destarte, Alencar critica a produção intelectual hegemônica em sua época relativa aos selvagens, indicando, genealogicamente, que o discurso europeu construía a diferença como desigualdade, não apenas por não compreender o devir ameríndio, a importância dada por eles a mesma diferença, mas também por sustentar interesses de ordem econômica e ideológica:

> os historiadores, cronistas e viajantes [,...] devem ser lidos à luz de uma crítica severa... bárbaros ainda mais ferozes e grosseiros do que os selvagens americanos [...], duas classes de homens forneciam informações acerca dos indígenas: a dos missionários e a dos aventureiros [...] ambas se acharam em acordo [...] de figurarem os selvagens como feras humanas. Os missionários encareciam assim a importância de sua catequese; os aventureiros buscavam justificar-se da crueldade com que tratavam, por vezes, os índios (ALENCAR, s/d, [1874], p. 8).

Mesmo sem conseguir perceber a dignidade e a humanidade dos indígenas, os relatos dos autores dos diversos períodos estudados por Alencar deixavam escapar, nas entrelinhas, a racionalidade inerente aos seus costumes e, mesmo, a expressão de valores e crenças de suas formas de pensar e o conteúdo dos seus espíritos. Através de estudo aprofundado e análise do material disponível a respeito dos nativos brasileiros, o autor, muito antes de Boas, Malinowski e Lévi-Strauss, ressaltou a necessidade de se compreender a sociedade e os costumes dos mesmos no seu contexto sócio sistêmico e representacional: "[é necessário] o conhecimento da língua indígena [visto que esse seria] o melhor critério [pois] dá-nos não só o verdadeiro estilo, como as imagens poéticas do selvagem, os modos de seu pensamento, as tendências de seu espírito" (ALENCAR, s/d, [1865], p. 134).

Além de destacar essa necessidade metodológica, o autor ainda destaca que o observador deve buscar compreender os nativos a partir da análise do contexto sociocultural no qual estes mesmos valores e costumes estariam inseridos, não contrabandeando preconceitos e noções anacrônicas da sociedade do observador para as sociedades observadas, as quais não apresentavam os mesmos sistemas simbólicos e cosmologias (ALENCAR, s/d, [1874, p. 107). Há que se ressaltar que a inovadora visão alencarina foi apresentada no auge do evolucionismo social, quando Edward Burnett Tylor, considerado como o "fundador da etnologia moderna", (LÉVI-STRAUSS, 2003. p. 183) lançava sua obra evolucionista, *Primitive Culture*, em 1871, considerando a cultura e as sociedades europeias como superiores a todas as outras; assim como Lewis Morgan, que, em 1877, publicara *Ancient Society*, no qual estabelecia o progresso das sociedades baseado nas suas produções tecnológicas. Para Morgan, a humanidade estaria escalonada em selvagens, bárbaros e civilizados: povos e culturas superiores, evoluídos (europeus e estadunidenses) e outros mais ou menos inferiores, conforme seu desenvolvimento tecnológico e institucional (STOMPKA, 1998; MORGAN, 2005)[50]. Antecipando o difusionismo, o funcionalismo e mesmo parte do estruturalismo (ao falar em pensamento indígena num período em que muitos autores duvidavam da capacidade do nativo de raciocinar quanto mais pensar filosoficamente no mesmo teor de um europeu), o autor cearense será voz dissonante diante das abordagens hegemônicas da época influenciadas pela onda de positivismo que dominará a visão de mundo das elites nacionais até meados do século XX.

Afirmando a existência de um "pensamento *do* selvagem" (ALENCAR, s/d. [1865], p. 135) quase cem anos (noventa e sete, mais especificamente) antes de Lévi-Strauss elaborar o conceito de *"pensée sauvage"*, esboça a existência de um *Volksgeist* ameríndio, e o faz em uma carta escrita ao amigo Dr. Jaguaribe, em 1865, sobre a singularidade dos costumes e valores dos índios tupis. Antecipando o antropólogo franco-belga, o autor intui a singularidade lógica de um pensamento nômade e concreto em um de seus estudos sobre as palavras de origem indígena e a dificuldade em traduzi-las, utilizando, como exemplo, o sentido dos termos "caminho" e "liderança", os quais implicavam uma cosmologia e política imanentistas, estranhas ao pensamento domesticado e sedentário dos tradutores ocidentais:

> Guia chamavam os indígenas senhor do caminho, piguara. A beleza da expressão selvagem em uma tradução literal e etimológica me parece bem saliente. Não diziam sabedor do caminho, embora tivessem termo próprio, *coaub*, porque essa frase não exprimia a energia do pensamento. O caminho no estado selvagem não existe; não é uma coisa de saber: faz-se na ocasião da marcha através da floresta ou do campo e em certa direção: aquele que o tem e o dá, é realmente o senhor do caminho [...] pois haverá quem prefira a expressão rei do caminho, embora os brasis não tivessem rei, nem ideia de tal instituição. Outros se inclinariam à palavra guia como mais simples e natural em português, embora não corresponda ao pensamento do selvagem (ALENCAR, s/d. [1865]. p. 135).

---

[50] - Todavia é preciso lembrar leituras que vêm uma ideia amenizada de progresso em Morgan em relação aos outros evolucionistas da época. Segundo as mesmas o autor apresenta uma concepção de progresso que enfatiza a riqueza política dos indígenas norte-americanos, particularmente os Iroqueses, com seus inovadores aspectos relacionados ao parentesco e a ligação desta com a ausência da propriedade privada e formas bastante específicas de práticas democráticas (*Cf.* TIBLE, 2013, p.p. 42-71).

Embora "pensamento *do* selvagem" não seja o mesmo que "pensamento selvagem", pois o primeiro termo não necessariamente abarcaria a dimensão filosófica do segundo, Alencar esbarra no aspecto concreto e imanente ou antiplatônico do pensamento ameríndio. O caminho (talvez assim como a vida), para o selvagem, é feito pelo ato de caminhar, e líder é aquele que o faz, realiza em ato e o concebe na prática, auxiliando todo o grupo a realizar seu próprio caminhar e cuidando da caminhada. Portanto, é o devir, em seu fluxo, que constitui a existência, em um plano de imanência, no qual não há possibilidade de ideais similares aos ideais platônicos guiarem a prática cotidiana (DELEUZE; GUATTARI, 1992). E líder não é aquele que recebe honrarias para ser servido, mas que, ao servir, coloca-se como servo daqueles a quem serve. Por conseguinte, as relações de poder entre ameríndios embora ressaltem uma inevitável hierarquia, não a fundam no privilégio ou dominação[51] (VIVEIROS DE CASTRO, 2002; CLASTRES, 2004; FAUSTO, 2008).

Não ocorre no pensamento alencarino a preocupação com a ideia de evolução cultural e progresso sustentada pelos positivistas. O conceito de *perfectibilidade* se por ele é utilizado, ainda assim é tomado de forma invertida, na qual o significado "aperfeiçoar" é percebido não como busca em adequar a vida aos padrões idealistas pré-estabelecidos, eurocêntricos, os quais serviriam para consertar defeitos típicos da humanidade supostamente "inferior", levando-a recuperar uma suposta verdade perdida. Na abordagem alencarina "melhorar", pelo contrário, seria encontrar formas de afirmar a vida como ela é em suas manifestações e plenitudes mais imanentes, ou seja, seu esforço – diferente da tradição filosófica hegemônica - é aquele voltado para desconstruir a forma humana milenar e não aperfeiçoa-la, adequando-a ao paradigma metafísico dominante e aos experimentos culturais e sociais que lograram melhor realizar esse processo (DELEUZE; GUATTARI, 2010, p.p. 30-54). Afirmar o que a imanência e as condições presentes têm em potência, virtualidade e *promesse du bonheur*. Não se trata de redescobrir uma condição cristã superior perdida entre os ameríndios; mas o contrário, mostrar que em sua cosmologia a grandeza do pensamento reside justamente na recusa a esse processo de conceber a vida como defeituosa, da mesma forma, na recusa de pendurá-la em um ideal opressor calcado na culpa, niilismo e pecado.

---

[51] - É preciso destacar que há uma espécie de gramática ou idioma do poder ameríndio o qual especialistas denominam *maestria*. Ela está relacionada diretamente à organização social envolvendo parentesco e hierarquia. Todavia, esse conjunto de práticas e simbolismo relaciona-se mais a um sistema de domínio (do *mestre* ou *dono*) do que de dominação; pressupondo proteção, cuidado, dedicação e doação por parte daqueles que exercem funções de liderança. (CLASTRES, 2003; COSTA; FAUSTO, 2008; FAUSTO, 2010).

EXPERIMENTOS: TEORIA SOCIAL *NA* LITERATURA DE JOSÉ DE ALENCAR E MACHADO DE ASSIS

Sem perceber essa manobra intelectual de Alencar a tradição da teoria literária trata seu pensamento partindo da perspectiva metafísica da identidade ontológica que subsume a diferença no *Mesmo*. Contudo, o pensamento que o autor detecta, entre os indígenas, é aquele do devir - pensamento, diga-se de passagem, que é similar ao dele, autor. Certo tipo de socialismo cristão e marxismo vulgar, presentes em parte da teoria literária brasileira, costumam encarar *Ubirajara* (o mesmo acontecendo em *Iracema* e *O Guarani*) como obra de cunho hegeliano, na qual a luta de contrários produziria a síntese positiva da nação brasileira. Em *Iracema* e *O Guarani*, o elemento indígena seria supostamente sacrificado por Alencar, sendo absorvido pelo branco dominador; em *Ubirajara*, uma tribo dominaria outra, absorvendo-a e preparando, assim, o terreno para a chegada do europeu colonizador, o qual se apresentaria como o termo antitético. Contudo, se nos detivermos melhor sobre o romance, veremos que é um texto que contesta essa concepção. Ubirajara não é o "bom selvagem", mas um ser em bifurcação; não é unilinear ou herói monocórdio, mas um conjunto multilinear de linhas de fuga que nada nega, ou antes, apenas atesta sua condição e diferença através de suas crises: a primeira representada pela necessidade de se tornar guerreiro; a segunda pela encruzilhada amorosa; a terceira pela descoberta de que seu futuro cunhado é seu cativo de peleja; e, por fim, pelo fluxo conflitivo e bélico que atravessa todo o seu ser. Ubirajara é um guerreiro sem ressentimentos. Sua trajetória é a de construir uma nova forma de existência pautada na honra e no destemor, possibilitando caminhos para o porvir. E isso por intermédio de seu esforço e *vir-a-ser* afirmativos, pois não nega seu inimigo, mas reitera sua importância ao ver nele o respeito e o direito justo à batalha, na qual o melhor deverá de fato vencer. Ubirajara-Alencar vê a *imanência do inimigo*. É por intermédio desta afirmação da diferença que Araguaias e Tocantins tornam-se um só e passam a levar-lhe o nome: "Duas nações, dos Araguaias e dos Tocantins, formaram a grande nação dos Ubirajaras, que tomou o nome do herói". (ALENCAR, s/d. [1875], p. 103).

Agonia trágica de contrários que não produz síntese e, portanto, evolução, mas afirmação da afirmação em contraposição a toda metafísica hegeliana que assola a teoria social contemporânea, necessitando da resolução sintética para rebater, no cenário do pensamento, o aspecto do Ser Absoluto, visto que a síntese da dialética hegeliana toma-se de novo uma identidade do Mesmo - a tese necessitando de nova negação (DELEUZE, 1981). A esta altura o leitor se perguntará o que têm a ver os esquemas da antropologia estrutural ou pós-estrutural com Ubirajara, Iracema e o peritexto que o cercam?[52] Sou levado a essa comparação em vista de a tradição da teoria literária projetar, como indico acima, na obra indianista de Alencar, uma filosofia historicista de caráter dialético-hegeliano, que disfarça a reprodução do Mesmo radicando, na Identidade Imutável, a diferença, aniquilando o múltiplo no Uno, fato que não se coaduna com o pensamento ameríndio estudado pelo autor.

Um exemplo consistente de recusa pelos ameríndios da Identidade como matriz do pensamento e da prática é a relação que estes estabelecem com a gemelaridade. Lévi-Strauss em seu livro *História de Lince* (LÉVI-S-TRAUSS, 1993), ao analisar a mitologia dos gêmeos no Novo Mundo, sugere que a cosmologia indígena não comporta a concepção de Identidade Imutável ou dimensão na qual a repetição do Mesmo consolidar-se-ia como cerne do cosmos. Entre indígenas, a gemelaridade é considerada como problema de ordem filosófica e prática, levando-os a buscar suprimir uma das crianças, já que a repetição e o idêntico representariam um estranho e inconcebível caso de projeção e repetição do igual, algo inconcebível e inaceitável para um pensamento que comporta apenas a diferença.

Este problema está situado no campo do desequilíbrio dinâmico, visto que, se dois sujeitos podem ser considerados como gêmeos num estado inicial, contudo, é recusada "a ideia de gêmeos entre os quais reinaria uma perfeita identidade, pois esta constitui um estado revogável ou provisó-rio; não pode durar" (LÉVI-STRAUSS, 2003, p.p. 102-103). A "perfeita identidade" - muito comum no pensamento domesticado da metafísica ocidental de cunho platônico ou hegeliano - é um valor negativo entre os ameríndios, que observam seu cosmos como fluxo, mudança, perspectiva ou circunstância: "Tudo passa sobre a terra" (ALENCAR, s/d. [1874], p. 120). Terminando *Iracema* com esta frase, Alencar sugere a marca da cosmologia indígena, que é então por ele percebida em seus estudos. Em consonância com esta perspectiva, para os indígenas americanos, cada aproximação inicial de gemelaridade ou identidade produziria, imediatamente, uma defasagem correspondente e positiva, seguindo assim um princípio de dualismo em desequilíbrio constante. Nas palavras de Lévi- Strauss:

---

[52] - Nesse aspecto, seguimos Viveiros de Castro (2002. p. 19.) sobre a influência do pensamento estruturalista na produção etnológica atual: "Não pretendemos nos situar em um lugar exterior ao estruturalismo, mas no exterior *do* estruturalismo, no interior da dimensão de exterioridade que lhe é imanente. O pensamento do selvagem não cabe todo no Pensamento Selvagem".

> No pensamento dos ameríndios, parece indispensável uma espécie de *clinâmen* filosófico para que em todo e qualquer setor do cosmos ou da sociedade as coisas não permaneçam em seu estado inicial e que, de um dualismo instável em qualquer nível que o apreenda, sempre resulte um outro dualismo instável (LÉVI-STRAUSS, 1993, p.p. 208-209).

Vale a diferença como instância cosmológica necessária para o funcionamento imanente do cosmos. Se o pensamento domesticado e sedentário do Ocidental pensa o cerne do mundo como imutável e transcendente, o pensamento selvagem concebe o cosmos como um fluxo em constante desequilíbrio imanente ou, conforme Gabriel Tarde, como "instabilidade do homogêneo", visto que "existir é diferir" (TARDE, 2003, p.p. 55 e 70). Não por acaso, na obra indianista alencarina, a hidrografia tem lugar de destaque, sugerindo o fluxo e a afirmação da diferença ao se manifestar por entre figuras humanas e naturais. Longe de apenas exaltar a geografia brasileira, o autor lança mão do maior símbolo do devir na literatura filosófica desde Heráclito de Éfeso, visando a destacar esta característica da racionalidade indígena e do seu próprio pensamento.

Sendo acusado de idealista, tanto por nomes consagrados na literatura comparada (VERÍSSIMO, 1995, p. 273) como por estudantes defendendo teses e dissertações (RAMOS, 2006). Alencar não se enquadra em conceitos hegelianos ou neo-hegelianos, como sugerem análises de sua obra realizadas, por exemplo, por Bosi (1992) e Ribeiro (2004). Críticos que parecem não compreender que a tentativa do autor, além de ser aquela da busca pela consolidação da singularidade da nação, pautava-se também em descrever, o mais próximo possível, a perspectiva e a particularidade dos povos indígenas e sua ética - parte essencial no destaque da diferença na construção identitária, mas também crucial para apontar um conjunto de valores e comportamentos que Alencar via como cruciais para a formação e a educação de um futuro esperançoso. Longe do historicismo típico de analistas de orientação marxista ou liberal, a obra alencarina, apesar de estar de forma inevitável situada no tempo, sugere características atemporais do espírito humano que conformariam o caráter singular ao seu modelo de homem - modelo ético político e artístico que em parte pode ser encontrado na Grécia Antiga, nos cavaleiros europeus ou nos guerreiros ameríndios, ainda que pesem as graves questões relativas às desigualdades sociais, ecológicas e culturais das primeiras duas sociedades[53].

Para melhor esclarecer essa ética da transformação e diferença do processo cosmológico então intuído em parte por Alencar entre os índios, penso ser importante resumir alguns aspectos do chamado *perspectivismo ameríndio*. Na cosmologia perspectivista não existia, nem existe, uma dimensão, ideia ou instância que se possa denominar natureza e outra chamada cultura ou sociedade, estando separadas como concebe o pensamento ocidental. Todos os seres, espíritos, coisas e vegetais possuem intencionalidade, consciência e subjetividade, são pessoas de um mesmo cosmos-sociedade. Todos animados, no sentido latino de alma (anima) ou força vital imanente. Essa perspectiva filosófica existiu – e existe - não apenas nas terras baixas da América do Sul, mas também na América Central, do Norte e em partes da Ásia (VIVEIROS DE CASTRO, 1996; 1998; 2002; 2008), e, para ela, como disse, tanto seres disso que denominamos natureza como objetos apresentam personalidade, ou seja, existem *tão-somente* sociedades e culturas posto que espíritos, deuses, animais e vegetais são *gente* ou *agentes*. Phillipe Descola (1986; 1998; 2005) contribui para o entendimento dessa cosmologia quando reformula o conceito de *animismo* em seus trabalhos entre os Achuar percebendo que para o pensamento desse povo tanto plantas, animais, como alguns objetos têm interioridade idêntica aos seres humanos, fazendo-os se comportarem, agirem ou atuarem de acordo com normas sociais e preceitos éticos, em outras palavras, produzirem *relações sociais*[54], da mesma forma como o que concebemos como humanos fazem, estabelecendo relações de comunicação e sociabilidade entre si em seus contextos e com as pessoas em suas comunidades (DESCOLA, 1998; 2005, p. 183). Gomes (2012, p. 135.) esclarece melhor:

---

[53] - Contudo, ressalto que a denominada antropologia simétrica do perspectivismo ameríndio não está preocupada como a tradição relativista em buscar em distintas culturas soluções dadas a um único problema universal. Essa não é a lógica indígena, qual seja, preencher uma forma universal (natureza) com conteúdo diverso (cultura), porém, o pensamento ameríndio suspeita que os problemas são eles mesmos diversos "o que a antropologia [perspectivista ou simétrica], põe em relação são problemas diferentes, não um problema único (natural) e suas diferentes soluções (culturais)." (VIVEIROS DE CASTRO, 2002, p. 117).

[54] - A noção ou o conceito de *relação social* no pensamento ameríndio é amplo e difere do ocidental, sendo registrado como aquele que envolve o que para nós não são seres humanos, como sendo para eles, humanos, ou seja, animais, vegetais, espíritos e mesmo objetos. Ocorre que para essa perspectiva o que muda é a forma, perdurando o conteúdo que é a condição de ser humano. Por conseguinte, esse pensamento não é um relativismo social ou cultural no qual a animalidade (natureza) é considerada universal, porquanto a cultura (e/ou sociedade) muda em suas formas, conferindo ainda ao ser humano sua singularidade em relação aos outros seres. Para o perspectivismo o que é universal é a humanidade não apenas para pessoas ditas humanas como vistas por nós, mas para todos os seres viventes e alguns objetos, que são percebidos, por eles, como seres humanos, apenas tendo por trás da sua forma ou "roupagem" animal, vegetal, espiritual ou objetal, a humanidade, com tudo que lhe é característico: linguagem sociedade, cultura, e assim por diante.

> Bastante frequente nas etnografias ameríndias é a noção de que o corpo constitui somente um tipo de roupa, encobrindo uma mesma humanidade dos seres, visível apenas para os da mesma espécie ou para os xamãs. Considerada uma expressão da metamorfose interespecífica (espíritos, mortos e xamãs que assumem formas de animais, animais que viram outros animais, humanos que se transformam em animais), a noção de roupa possui uma distribuição panamericana, embora elaborada de modo desigual pelas cosmologias ameríndias.

O dispositivo conceitual e prático que articula esse universo modulado, - colocado como unívoco ("humano" no caso), e que se diz de uma só maneira em toda diferença daquilo que se diz -, é a *comensalidade*. Comer um animal é absorver em si e em sua sociedade a pessoa e a força vital (alma) daquele humano ou *corpo-roupa* que morre para sua sociedade ao ser predado por seres de outra sociedade. Porém, essa pessoa consumida renasce na forma comum da sociedade do caçador-predador. O mesmo ocorrendo quando o animal se alimenta de uma pessoa em forma humana, essa pessoa nascerá na sociedade do predador que era um humano em forma ou com roupagem animal. Contudo, uma das importâncias da perspectiva está no fato de que a forma animal é vista enquanto tal pelo agente que está na forma humana, enquanto o agente que está na forma animal vê o humano como animal de presa e se vê como humano e não como animal, a mudança de perspectiva implica mudança de corpo. Em vista disso perspectivismo torna-se uma cosmologia não identitária, e aqui preciso discordar dos grandes pensadores da antropologia perspectivista, antimetafisica. Embora possa ser uma questão meramente terminológica, não existe metafísica ameríndia na minha concepção pelo simples fato de que a cosmologia desses povos é imanentista. Não há nada fora do mundo, dos corpos, e das relações concretas.

Aqui penso ser necessário, destacar brevemente a importância do pensamento de Alfred Gell (2018) e Bruno Latour (2002; 2012) que, sem ligação direta com o perspectivismo ameríndio, chegam a conclusões similares a respeito da capacidade de agência dos objetos artísticos, científicos e outros. Em um trabalho que é um marco na antropologia da arte Gell mostra que não há diferenciação entre a mesmo e o artefato posto que os mesmos atuam no cotidiano das pessoas como se tivessem intencionalidade, chegando mesmo a transformar suas condições de vida, ou seja, artefatos artísticos são sínteses de sistemas de pensamento e organização social, sendo capazes de afetar pessoas agenciando-as (GOMES, 2012, p. 143). Latour, por sua vez, partindo de outra realidade etnográfica, elabora a teoria do ator rede (TAR) definindo como *actantes* tudo aquilo que gera ação, mudança, movimento, transformação e diferença seja esse elemento humano ou não. A agencia, portanto, deixa de ser uma característica do sujeito ou da pessoa apenas, estando presente em todos os elementos mediadores envolvidos e ligados – fazendo parte com os agentes humanos – às relações sociais. A criatividade e a criação, enquanto elementos do modelo estético, passam a ser potências capazes de se atualizar em toda e qualquer instância da ontologia social. Esta perspectiva ecoa a sociologia de Gabriel Tarde (TARDE, 2003) para quem a eterna renovação do corpo social é simultaneamente a eterna renovação das subjetividades, ressaltando a vida enquanto mudança e criação, o autor afirma que tudo aquilo que permanece estático atenta contra a mesma vida. Criação assim é o florescimento da diferença, da diversidade, da heterogeneidade, e, portanto, a consolidação das transformações necessárias para as sociedades permanecerem. Portanto, todo saber e prática, todo sistema social e cultural que combate a diferença e o novo via articulação de dispositivos ou aparelhos de poder e dominação, é, de certa forma, fascista e anti-vida. Thiago Themudo (2002) percebe em seus estudos sobre a sociologia de Tarde que o mesmo identifica nas sociedades contemporâneas o desenvolvimento crescente de forças conservadoras, fluxos imitativos que propagam e são propagados pela dominação do modelo de sociedades europeias homogênicas via mundialização, fluxos que exercem uma ação anuladora das diferenças, subsumindo-as à identidade capitalista em crescente expansão. O autor escreve que

> são absolutamente atuais as discussões sobre os perigos do discurso único, da imposição dos axiomas da sociedade e da cultura de mercado. É como se todas as forças que percorrem o social estivessem sob o controle de uma mesma vontade, uma única e mesma razão das crenças sociais, anulando a possibilidade de bifurcações criadoras. O homem de rebanho, que tanto assustou Nietzsche, parece afirmar-se como nunca. Se a criação e a vida são idênticas, sua confirmação histórica e social não parecem tão evidentes assim. Sua confirmação é da ordem da conquista, do confronto político [...] A importância, portanto, do pensamento [da diferença] se instala não apenas no campo do conceito filosófico ou sociológico, mas também no campo da política e da ética. (2002, p.p. 110-111).

Em harmonia com este aspecto, Alencar transita da etnologia e antropologia social incipientes para uma ética e antropologia política. Busca assim a trans-historicidade de um caráter afirmativo e construtor do presente, corajoso e que não nega a vida, mas reitera o valor da diferença, e da transformação como elementos fundamentais da mesma. Busca, no particular, a universal manifestação da alegria da existência, e sem perder de vista a totalidade, acentua o papel da agencia e as margens de liberdade que se pode ter na busca de uma sociedade que não confunda diferença com desigualdade, domínio com dominação. Assim, o autor cearense sintetiza a singularidade cultural com o elementos universalistas presentes na *cosmo*-lógica e racionalidades das organizações sociais dos povos das terras baixas da América do Sul e no funcionamento de suas sociedades, que nada de bárbaro ou irracional apresentavam até a chegada dos europeus (ALENCAR, s/d. [1875], p. 8. *et. seq.*), sendo mesmo essas culturas exemplos a serem seguidos por esses[55]. Alencar faz eco, mais de cento e cinquenta anos antes, às propostas da antropologia atual que defende a incorporação de outros saberes e racionalidades distintos dos dominantes que reduziram as formas de vida a mercadorias destruindo sociedades e colocando o ecossistema em risco. Sem que este aspecto seja percebido, a análise da obra alencarina lida e relida a partir de chaves metafísicas que a distorcem e empobrecem, além de não conseguir se aproximar do pensamento escrito, descrito e reiterado por ele, termina por projetar o idealismo ocidental no cerne da cultura indígena diminuindo toda sua riqueza e virtual contribuição para as sociedades complexas atuais que se deparam com as crises do antropoceno – período definido pela ação humana na transformação do planeta Terra. Com efeito, em sua produção intelectual Alencar busca articular uma espécie de paradigma estético ou força plástica capaz de afetar o mais íntimo do espírito humano e dos seres. Nesse pensamento situado entre a criatividade da arte, filosofia e ciência, o autor desconfia das fórmulas muito generalistas dessas últimas ao se voltarem na época para referidos ao social. Para Alencar o pensamento social não percebia (e, não raro ainda não percebe) que é nos intervalos e exceções das fórmulas e leis tão caras aos positivistas, e outros inimigos do novo, que as relações sociais se criam e recriam (THEMUDO, 2002).

---

[55] - Como atesta Viveiros de Castro, as sociedades ameríndias podem servir de exemplo, não modelo, para as sociedades atuais, posto não haver possibilidade de voltar no tempo. Porém, segundo o autor, é preciso tentar inverter o processo racionalista e depredador que dominou o planeta contrapondo uma antropologia crítica à realidade contemporânea forjada pelos grandes estados-nação, marcada pela crescente escassez de tempo e de espaço e pelo estado de incerteza em relação às mudanças climáticas , assim como pelo consumo de matéria e energia sem precedentes na história humana. O etnólogo diz em entrevista que os povos amazônicos foram, na verdade, muito mais bem-sucedidos em sua relação de cumplicidade com a natureza do que as sociedades eurocentradas. Hoje, sabemos que povos indígenas que viveram na região amazônica não foram prejudiciais ao seu ambiente. Pelo contrário: estudos indicam que a composição da Floresta Amazônica foi diretamente influenciada pelos homens que há milhares de anos nela viveram. O cultivo de culturas comestíveis de plantas e frutas, por exemplo, contribuiu para aumentar e diversificar as fontes alimentícias não só para os humanos como também para todas demais espécies. (VIVEIROS DE CASTRO, 2017).

A gesta de ubirajara

De acordo com Sérgio Buarque de Holanda o ameríndio apresentava algumas características culturais que o aproximavam do *ethos* da nobreza europeia, mormente no que tange ao espírito guerreiro e livre; isto, na prática, além de fazê-los incompatíveis com a condição servil imposta pela colonização, facilitou, aos escritores românticos, a construção e a exaltação de tipos indígenas com virtudes de fidalgos e cavaleiros medievais, (HOLLANDA, 1995). Sem discordar dessa concepção, vejo que, além desse aspecto, a literatura romântica, especificamente a de Alencar, percebeu, no ameríndio, um *modus vivendi* e uma forma de pensar similar àquela constante tanto entre uma parcela da *Weltanschauung* da nobreza europeia quanto no pensamento filosófico menor do velho continente - Em outras palavras, o "pensamento selvagem", intuído por Alencar, estaria presente também na tradição europeia, contudo, não de forma hegemônica, mas paralela à metafísica (esta, sim, dominante). Podemos perceber, ao menos em parte, o desdobramento dessa perspectiva em *Ubirajara*[56].

O romance narra as façanhas de um caçador e guerreiro da tribo Araguaia[57] que, em um primeiro momento, tem o nome Jaguaré ("onça verdadeiramente onça") e se destaca na narrativa por ter vencido todos os animais ferozes da floresta. Contudo, como é tradição entre os tupis, Jaguaré necessita encontrar um oponente humano à sua altura para travar combate e vencer, conquistando, assim, nova e superior identidade simbolizada por um novo nome: o nome de guerra. Surge, então, outro jovem e destacado guerreiro da tribo dos Tocantins de nome Pojucã ("eu mato gente"), que aceita travar com- bate. Inicia-se longo e difícil certame do qual Jaguaré sai vencedor, fazendo cativo Pojucã. Passando por esse ritual - a derrota necessária de um inimigo - Jaguaré recebe uma nova

---

[56] - Em relação aos elementos universais da lógica o trabalho do antropólogo e matemático Mauro Almeida mostra, por exemplo, que o pensamento de alguns povos ameríndios, como os Pirahã, por exemplo, apresenta grande similaridade com a matemática contemporânea; mormente com o pensamento de Georg Cantor: "os Pirahã possuem os axiomas de Peano: sabem contar um e sabem que uma quantidade mais um é maior (pelo critério do pareamento) que uma quantidade dada. Os Pirahã contam como Cantor [...] Povos indígenas possuem múltiplos meios para fazer matemática: com pedras, astronomia, tecelagem e parentesco. A implicação é que há estruturas mentais-operativas cujos efeitos podem ser observados empiricamente nos produtos culturais dos povos humanos." (ALMEIDA, 2021, p.p. 304, 308). Assim, Almeida argumenta que existe uma *matemática selvagem* com as mesmas estruturas universais de pensamento que a matemática atual.

[57] - Não existiram tribos de nome Araguaia e Tocantins: são invenções de Alencar - o autor deve ter tido inspiração nos dois rios da bacia hidrográfica Araguaia-Tocantins, na região de Goiás e Tocantins. A região citada era habitada por tribos Timbira, do grupo macro-jê, e não por Tupis. Quanto aos Tapuias, esses viveram na região da Bahia (RIBEIRO, 1982; FERNANDES, 1989).

identidade, ou nova subjetividade, expressa no nome Ubirajara ("o senhor da lança"), vindo a se tornar o grande chefe da sua tribo após a festividade desse rito de passagem.

Durante a procura pelo inimigo, o então Jaguaré, agora Ubirajara, encontra Araci ("linda caçadora") e por ela se encanta. Esse encontro com a filha do chefe dos Tocantins o leva a rejeitar sua prometida Jandira ("abelha que fabrica excelente mel"), jovem da tribo Araguaia. Araci, contudo, é disputada por inúmeros guerreiros Tocantins, e Ubirajara, para tê-la, necessita competir, com outros guerreiros desta tribo, para ter o direito de esposar a jovem. Chegando à tribo dos Tocantins, é recebido com honrarias, e outra subjetividade lhe é conferida por intermédio de outro nome: Jurandir ("o que veio trazido pela luz").

Após vencer provas de resistência e combates, obtém o direito de esposar a jovem, porém, descobrindo que seu anfitrião (o chefe dos Tocantins) é o pai de seu inimigo, Pojucã, cativo. Essa descoberta se realiza no momento ritual, no qual o guerreiro vencedor narra suas façanhas e vitórias ao longo da vida. A descoberta leva ao início da guerra entre Araguaias e Tocantins. Ubirajara retorna a sua aldeia e liberta Pojucã, futuro cunhado e atual inimigo, para que lute ao lado de seu povo. Mas, antes do combate entre as duas nações, os Tocantins são atacados pelos Tapuias, que buscavam vingança. Nessa batalha, o chefe dos Tapuias é morto e o chefe dos Tocantins fica cego, o que o impossibilita de liderar e lutar contra os Araguaias - como havia sido decidido antes, sugere a união entre estes, Araguaias e Tocantins, sob a liderança de Ubirajara. Ocorre a união das duas tribos, e de Ubirajara com as duas noivas. Essas uniões, representadas pela junção simbólica de "dois arcos", é o acontecimento que fundará a poderosa nação Ubirajara, que dominará a região até a chegada dos europeus. Ubirajara devém nos seus conflitos. Sua mudança ritual de nomes e, portanto, de pessoa, aponta para um contexto no qual a diferença se faz constante e a ausência de uma concepção de sujeito substantivo é clara: os seres humanos são produtos das relações sociais, no caso as de parentesco e guerra fundamentalmente, e nesse movimento perene ele é construído, transmutado, multivíduo, e não uma mônada fechada, indivisível e imutável.

Alencar sugere, por intermédio do tipo Ubirajara, que, na sociedade dos homens, toda identificação é provisória; não haveria, em última análise, um modelo a realizar, mas ações singulares - novas possibilidades criativas, novas possibilidades de vida. Se a universalidade do ritual (repetição) ameríndio de construção da personalidade afirma uma constante, no sistema social é a produção incessante de subjetivações - representada pelos diversos nomes e papéis assumidos pela pessoa em eterna construção de Ubirajara - que ressalta o desdobramento da diferença nesta mesma repetição.

É a guerra e o conflito, com tudo que eles implicam, motivo crucial na escrita de *Ubirajara*. Como em Heráclito de Éfeso, para quem a guerra ou o conflito seria a origem e o vir-a-ser de todas as coisas, Alencar busca, através de estudos etnológicos, aproximar-se do sentido e do significado da instância bélica para os indígenas e percebe que ela é simetricamente invertida àquela que se apresenta para os europeus, A guerra entre os ameríndios não é motivada por desejo de conquista territorial ou de hegemonia político-e-conômica , mas é uma instituição social necessária para a construção das subjetivações (DESCOLA, 1999). Para os conquistadores europeus, o inimigo devia ser destruído e desonrado, negado em sua essência, já que oposto em tudo à identidade do eu e totalmente *Outro*, sem qualquer dimensão de substancialidade ou aproximação com ego. Assim, nesta lógica ocidental, o inimigo deve ser totalmente destruído ou negado; nada dele deve restar para perturbar seu oponente. O oponente é o elemento diferencial que deve ser subsumido e reduzido na e pela identidade do ego, que é a verdadeira e a única. Em contraposição o pensamento ameríndio confere importância a guerra enquanto sistema de trocas no qual o inimigo é o meu outro, ou o outro de mim. Na condição de guerreiro, ele partilha e apresenta a mesma honra que me move; e se ele é minha alteridade, eu sou a dele. Seu espírito belicoso tem a mesmo teor do meu e dele necessito para afirmar minha alte-ridade que também é a sua. A guerra, nesse sistema, é reciprocidade positiva. Ao destruir, ela constrói a solidariedade necessária para a manutenção do sistema social ameríndio (ao menos tupi). Daí que tais sociedades guerrearem constantemente. O inimigo é honrado em sua força, coragem e obstinação; é exemplo a ser seguido, absorvido, respeitado. O inimigo é um duplo meu; e é a afinidade que nos faz guerrear. Essa afinidade é tamanha, que não se pode compreender, claramente, a guerra entre os tupis (tupinambás e outros) sem esbarrar no canibalismo e seu significado (ALENCAR, s/d. [1874], p. 120).

Tragédia antropofágica

O sistema bélico de troca ameríndio sustentava uma sociologia canibal que se constituía por um elaborado ritual de captura do guerreiro inimigo, a saber: a realização de seu cativeiro, a transformação deste inimigo em parente (cunhado com filho gerado na tribo), a execução festiva e a devoração coletiva de seu corpo. Tudo isso visando absorver a força e a honra do guerreiro *Outro*, Alencar descreve, em suas notas, o resultado do estudo etnológico relacionado a essa questão:

> Os cativos viviam em plena liberdade na taba de seus senhores, e era muito raro que fugissem, porque se consideravam ligados por um vínculo desde o momento que o vencedor lhes calcava a mão sobre a espádua. Quebrar esse vínculo era por eles considerado um desonra[...,] os prisioneiros destinados ao suplício preferiam a morte gloriosa [no ritual de canibalismo] a se rebaixarem pela fuga no conceito de seus inimigos jamais o ponto de honra foi respeitado como entre estes bárbaros que não eram menos galhardos e nobres do que esses outros bárbaros [...] que fundaram a cavalaria [....] (ALENCAR, s/d. [1874], p. 120).

Dando sequência:

> [...] o selvagem americano só devorava o inimigo vencido e cativo na guerra. Era esse ato um perfeito sacrifício celebrado com pompa e precedido por um combate real ou simulado, que punha termo à existência do prisioneiro [...] o sacrifício humano significava uma glória insigne reservada aos guerreiros ilustres ou varões egrégios quando caíam prisioneiros, Para honrá-los os matavam no meio da festa guerreira; e comiam sua carne, que deveria transmitir-lhes a pujança e o valor do herói inimigo [...] de modo algum nasceu do espírito de vingança o chamado canibalismo. (ALENCAR, s/d. [1874], p. 121).

E ainda:

> [...] os restos do inimigo tornavam-se, pois, como uma hóstia sagrada que fortalecia os guerreiros, pois às mulheres e aos mancebos cabia apenas uma tênue porção. Não era a vingança: mas uma espécie de comunhão de carne, pela qual se operava a transfusão do heroísmo (ALENCAR, s/d. [1874], p. 122).

Os estudos atuais de etnologia indígena respaldam e ampliam a concepção alencariana de que a humanidade da vítima era radicalmente reciclada em novos componentes do grupo, através da consubstancialidade do canibalismo (VILAÇA, 1992). Dessa forma, o importante inimigo era assimilado à pessoa do seu matador e ao seu grupo. De acordo com Viveiros de Castro (2002, p. 289):

> [...] o inimigo era "nacionalizado", ou seja, laboriosamente depilado, pintado e adornado à imagem de seus futuros executores. Temos, assim, reconhecimento prévio da vítima como, de algum modo, semelhante a seus agressores. [Essa é uma] configuração ameríndia muito geral, em que a tensão característica da afinidade - relação que tem a semelhança como base e a diferença como princípio - é utilizada para pensar a categoria do inimigo e reciprocamente, isto é, onde os valores de exterior idade predatória formam o subtexto da aliança matrimonial Todas essas ideias, vale observar, pressupõem a humanidade integral do inimigo.

Era, portanto, honra e sinal de respeito um guerreiro ser devorado nessas circunstâncias, passando a (re)viver na imanência do Outro e de seus similares. Conforme Alencar (s/d. [1874], p. 123):

> Por isso dizia o prisioneiro: - 'Esta carne que vedes não é minha; porém vossa; ela é feita da carne dos guerreiros que sacrifiquei, vossos pais, filhos e parentes. Comei-a; pois comereis vossa própria carne'. Deste modo retribuía o vencido a glória de que os vencedores os cercavam. O heroísmo que lhe reconheciam, ele o referia à sua raça de quem o recebera de igual comunhão por modo algum nasceu do espírito de vingança o chamado canibalismo.

Como dito, a afinidade com o inimigo e sua imanência era tal que, ao vencedor, era honrado conceder uma de suas irmãs ou filhas para casar-se com o prisioneiro e dele ter filho antes de sua execução no ritual antropofágico. Deixava esse, entre seus captores, não apenas a força e a coragem de seu corpo consumido, mas um rebento representando a junção das duas forças e a manutenção do sistema de reprodução bélica da honra recíproca. O inimigo era o *Outro* e o captor o *Outro do Outro*. Em outras palavras, matador e vítima se espelhavam ao infinito:

> [...] uma prova do caráter generoso e bizarro do selvagem brasileiro. Longe de torturarem seu prisioneiro, ao contrário, se esforçavam em alegrar-lhe os últimos dias pelo amor; davam-lhe uma esposa, e tão grande honra era esta que o vencedor a reservava para sua filha ou irmã virgem (ALENCAR, s/d. [1874], p. 123).

O que sugere o autor é que a inimizade, nesse tipo de sociedade, não se constitui como ausência objetiva de relações sociais com a supressão da alteridade, tida como não humana, mas o contrário: ela - a inimizade

- seria uma relação como qualquer outra constitutiva da coesão social. A guerra, longe de separar e destruir um termo, fundia, em um só, dois termos espelhados em uma lógica anti-hegeliana, na qual não haveria escravos, mas apenas mestres da honra a se confrontarem, se refletirem e se afirmarem mutuamente. (DELEUZE, 1981). Esse é o caso dos Tocantins e Araguaias em *Ubirajara*. O que estaria em jogo, nesses embates ameríndios, e a consequente captura e absorção canibal do inimigo, seria a incorporação de algo eminentemente incorporal: a posição do oponente. Os signos da alteridade da vítima deveriam ser assimilados, e o que se teria por meta, desta forma, seria a mesma alteridade como perspectiva sobre o Eu numa dinâmica relacional (VIVEIROS DE CASTRO, 2002; FAUSTO, 1999). Essa perspectiva, que lembra os estudos sobre o trágico, (VERNANT, 1976, p. 300 e ss; LESKY, 1976; VERNANT; VIDAL-NAQUET, 1991; DELEUZE, 1981) sugere uma "equação", na qual os termos não se resolvem em um terceiro excluído, mas mantém como característica fundamental a tensão constante. A "tragédia canibal", (VIVEIROS DE CASTRO, 2002, p. 253), estudada nas notas alencarinas, surge como movimento de aproximação fusional e imanentização da diferença, em outras palavras: a estrutura não é explicada pela oposição-negação de polos opostos à moda hegeliana (ego e inimigo, senhor e escravo), que, ao se negarem, formam síntese identitária que já estaria lá como *arché* e *télos*. Ocorre que, no pensamento ameríndio, ego e inimigo formam dimensão monopolar, afirmando e reafirmando a *diferença*: o Eu é o Outro. O ego, ao ter um inimigo, também o é. Os termos se afirmam em uma ética relacional, que funda, na figura do guerreiro, a concepção de honra como esteio da multiplicidade positiva. Multiplicidade que visa pensar o pensamento como uma atividade outra que a de reconhecer, classificar e julgar, buscando determinar o que há a pensar como diferença intensiva antes que como substância extensiva (VIVEIROS DE CASTRO, 2007, p.p. 97-98).

Considerações finais

A ética que perpassa a estética alencarina sinaliza compromisso não apenas com a construção da nação (a qual, com seus descaminhos de costumes e política, por vezes, desanimava o autor), mas de um ser humano criador de valores afirmativos.[58] O indianismo alencarino não foi um reflexo

---

[58] - Nos manuscritos alencarinos, guardados no Museu Histórico Nacional no Rio de Janeiro, são encontrados estudos ainda inéditos que retratam o vasto conhecimento do autor e sua ampla dedicação a múltiplas e

passivo de seu romantismo ou produto de imitações de Gonçalves Dias ou Chateaubriand, mas consequência de uma concepção integrada de universo: visão cósmica que mostrava preocupação com o futuro de uma nacionalidade integral e singular adornada pelo regionalismo e pelo indianismo. Visão autêntica de um autor incansável em suas pesquisas.

Para Alencar, a tarefa da arte, da ciência e do pensamento filosófico não se resumia em produzir obras, mas também *agenciamentos de subjetivação*, forças passíveis de afetar o leitor talvez mobilizando-o para a transformação de sua existência e entorno buscando um povo por vir. Por conseguinte, em Ubirajara e suas funções formadoras e fundadoras, os tipos não estão pautados em descrições psicológicas do homem comum, mas apresentam-se como imagens de ação ou agencia social reforçados tanto pelo estudo das cosmologias ameríndias e seus efeitos nos nativos como na busca de criar, a partir desse entendimento sociológico, cosmologia que pudessem mobilizar as pessoas da sociedade complexa brasileira. Por conseguinte Alencar elabora heróis míticos que, ao afirmarem uma visão de mundo específica, apontam (assim como o *Zaratustra* de Nietzsche), para um novo e transvalorado conjunto de valores, servindo de base não apenas para o amanhã, mas para o depois de amanhã - eterno retorno da *diferença*. Neste movimento, sua obra supera determinismos históricos, preocupando-se em detectar universais éticos em culturas distintas - termos presentes em todos os grandes mitos de tipos criadores.

De uma antropologia cultural, Alencar forja uma antropologia filosófica por intermédio da criação *bricoleur* de modelos os quais visam conferir esperança à ideia de futuro. Portanto, Alencar-Ubirajara, diante das adversidades da vida política e dos ataques inimigos, empreende a construção afirmativa da ação ativa e criadora em um paradigma estético ou criativo próprio. Da mesma forma que o herói fundador Ubirajara, Alencar tenta lançar as bases para o povo do porvir. Como o guerreiro solitário[59] do

---

simultâneas pesquisas. Esses trabalhos e esboços versam desde teorias sobre o surgimento da humanidade, seus tipos étnicos, e a América pré-histórica, passando pela preocupação com a política nacional, as relações internacionais, os costumes, o pensamento social brasileiro da época, a teoria da história, preocupações etnológicas e arqueológicas, desembocando em uma ontologia peculiar que tem, no ser e no tempo, a base para uma ética da afirmação do instante em um pensamento que se aproxima não apenas ao dos ameríndios, mas de toda uma tradição menor ocidental. Ver: Arquivo do Museu Histórico Nacional, Cadernos IV e V. Alencar, dessa forma, sugere um paradoxo conceitual: uma "memória do futuro" que se realiza em meio a disputas e embates, mas que não se pauta pelo ressentimento, e sim pela afirmação da alegria e do futuro a ser construído, (BARRENECHEA, 2005, p.71).

[59] - Amoroso Lima, um dos poucos a perceber a diferença da obra e na obra de Alencar, escreveu sobre o autor: "grande píncaro solitário batido pelos ventos da incompreensão e da animosidade [...] marcado por um invencível

início de seu romance, configura essa sua ação e esperança em um país no qual seres humanos singulares, em valores e práticas (não apenas analistas sedentários e sedentos do *Mesmo*), poderão dizer sim ao que foi, ao que é e ao que será em um pleno respeito à *diferença*. Desta feita, o autor visa a construir e indicar uma possibilidade de ação pessoal e coletiva que ao ser afetada por forças criativas, se mobilizam, desconfortadas com a situação na qual se encontram, buscando transformar as relações sociais em que estão envolvidas. Uma luta constante de infindáveis estratégias diferenciantes contra as ressurgentes forças autoritárias do Mesmo. Alencar, muito antes da teoria social contemporânea, esbarrou em questões cruciais para o mundo atual e para a própria disciplina, pois as questões que apresenta em alguns de seus escritos, referem-se à crítica a uma racionalidade predatória constitutiva de um sistema social desarranjado. Sua proposta não apenas se deteve na busca política de construir uma sociedade mais justa, mas também elaborar a forma renovada de crítica ou pensamento crítico que pudesse contribuir para um modo de funcionamento e organização de vida social diferente. Para isso buscou acessar novas racionalidades, distintas daquela que fundou o modelo de sua época e que se desdobrou como a mesma narrativa metafísica do Mesmo. Por fim, cito Viveiros de Castro (2015, p. 27) que parece resumir o sentimento alencarino: "Mas o vento vira, as coisas mudam, e a alteridade sempre termina por corroer e fazer desmoronar as mais sólidas muralhas da Identidade".

Referências

ALENCAR, José de. Carta ao Dr. Jaguaribe. *In*: *Iracema*. São Paulo: Melhoramentos, s/d [1865].

ALENCAR, José de. *Ubirajara*. São Paulo; Melhoramentos, s/d [1874].

ALMEIDA, Mauro. Matemática Concreta. In: *Caipora e Outros Conflitos Ontológicos*. São Paulo: Ubu Editora, 2021.

AMOROSO LIMA, Alceu. José de Alencar, esse desconhecido? *In*: ALENCAR, José de. *Iracema*. Edição do centenário. São Paulo: MEC/Instituto Nacional do Livro, 1965.

Instinto de nacionalidade e até de regionalidade, mas aberto aos horizontes mais vastos, com uma visão cósmica e até profética do universo". (AMOROSO LIMA, 1965, p. 39).

BARRENECHEA, Miguel Angel. Nietzsche e a genealogia da memória social. *In*: GONDAR, Jô e DODEBEI, Vera (orgs.). *O que é Memória Social?* Rio de Janeiro: Contracapa, 2005.

BOSI, Alfredo. *Dialética da Colonização*. São Paulo: Companhia das Letras, 1992.

BOURDIEU, Pierre. *Meditações Pascalianas*. São Paulo: Bertrand, 2003.

CLASTRES, Pierre. *A Sociedade Contra o Estado*. São Paulo: CosacNaify, 2003.

CLASTRES, Pierre. *Arqueologia da Violência*. São Paulo: CosacNaify, 2004.

COSTA, Luiz Antônio Lino da; FAUSTO, Carlos. The Return of the Animists: Recent Studies of Amazonian Ontologies. *Religion and Society*, [s. l.], v. 1, p. 89-109, 2010.

DELEUZE, Gilles. *Nietzsche e a Filosofia*. Porto: Rés, 1981.

DELEUZE, Gilles. *Diferença e Repetição*. São Paulo: Perspectiva, 1998

DELEUZE, Gilles. *Espinosa.* Filosofia prática. São Paulo: Escuta, 2002.

DELEUZE, Gilles. *A Ilha Deserta*. São Paulo, Iluminuras, 2008.

DELEUZE, Gilles; GUATTARI, Félix. *Mil. Platôs.* Capitalismo e esquizofrenia. v. 1. Rio de Janeiro: Ed. 34, 1995.

DELEUZE, Gilles; GUATTARI, Félix. *O Que é a Filosofia?* Rio de Janeiro: Ed. 34,1992.

DESCOLA, Philippe. *La Nature Domestique*: Symbolisme et praxis dans l'écologie des Achuar. Paris: Maison des Sciences de L'Homme, 1986.

DESCOLA, Philippe. Societies of nature and the nature of society. In: KUPER, Adam (Ed.). *Conceptualizing Society*. Londres: Routledge, 1998.

DESCOLA, Philippe. A selvageria culta. In: NOVAES, Adauto (org.). *A Outra Margem do Ocidente*. São Paulo: Companhia das Letras, 1999.

DESCOLA, Philippe. *Par-Delà Nature et Culture*. Paris: Gallimard, 2005.

ERIKSEN, Thomas Hylland; NIELSEN, Fynn Sivert. *História da Antropologia*. Petrópolis: Vozes, 2007.

FAUSTO, Carlos. Da inimizade. Forma e simbolismo na guerra indígena. In. NOVAES, Adauto (org.). *A Outra Margem do Ocidente*. São Paulo: Companhia das Letras, 1999.

FAUSTO, Carlos. Donos demais: Maestria e domínio na Amazônia. *Mana* 14(2), p. 329-366, 2008.

FERNANDES, Florestan. *Organização Social dos Tupinambás*. São Paulo: Hucitec, 1989.

GELL, Alfred. *Arte e Agencia*. Uma teoria antropológica. São Paulo: Ubu Editora, 2018.

HELENA, Lúcia. A solidão tropical e os pares à deriva: reflexões em torno de Alencar, *Alea, Revista de Estudos Neolatinos*, UFRJ, v. 2, n. 2, p. 129-48, 2000.

HELENA, Lúcia. *A Solidão Tropical*. O Brasil de Alencar e da Modernidade. Porto Alegre: EDIPUCRS, 2006.

HOLLANDA, Sérgio Buarque de. *Raízes do Brasil*. São Paulo: Companhia das Letras, 1995.

LATOUR, Bruno. *Reagregando o Social*. Bauru/São Paulo: EDUSC, 2012.

LATOUR, Bruno. *Ciência em Ação* – como seguir cientistas e engenheiros sociedade afora. São Paulo: Editora UNESP, 2000.

LESKY, Albin. *A Tragédia Grega*. São Paulo: Perspectiva, 1976.

LÉVI-STRAUSS, Claude. *O Cru e o Cozido*. São Paulo: Brasiliense, 1991.

LÉVI-STRAUSS, Claude. *História de Lince*. São Paulo: Companhia das Letras, 1993.

LÉVI-STRAUSS, Claude. *O Pensamento Selvagem*. São Paulo: Papirus, 2003.

MORAES PINTO, Maria Cecília. *A Vida Selvagem*: Paralelo entre Chateaubriand e Alencar. São Paulo: Annablume, 1995.

MORGAN, Lewis. A Sociedade Antiga. In: CASTRO, Celso. *Evolucionismo Social*. Textos de Morgan, Tylor e Frazer. Rio de Janeiro: Jorge Zahar Editor, 2005.

NIETZSCHE, Friedrich. *O Anticristo e Ditirambos de Dionísio*. São Paulo; Companhia das Letras, 2007.

PELOGGIO, Marcelo. José de Alencar; um historiador à sua maneira. *Alea, Revista de Estudos Neolatinos*, UFRJ, v. 6, n. 1, p. 81-95, jan./jun. 2004.

PELOGGIO, Marcelo. José de Alencar e o papel civilizador da natureza. *In*: HELENA, Lúcia (org.). *Nação-Invenção*. Ensaios sobre o nacional em tempos de globalização. Rio de Janeiro: Contracapa/CNPq, 2004a.

PONTES, Heloísa. Círculo de intelectuais e experiência social. *In: Revista Brasileira de Ciências Sociais*, v. 12, n. 34, p. 57-71, junho de 1997.

RAMOS, Ivana Pinto. *Ubirajara*. Ficções e Fricções Alencarianas. (Dissertação de Mestrado). Belo Horizonte: Faculdade de Letras/PPGEL/UFMG, 2006.

RIBEIRO, Darcy. *Os Índios e a Civilização*. Petrópolis: Vozes, 1982.

RIBEIRO, Luís Felipe, A ideia de nação: uma cuidadosa arquitetura de Alencar, *In*: HELENA, Lúcia (org.). *Nação-Invenção*. Ensaios sobre o nacional em tempos de globalização. Rio de Janeiro: Contracapa/CNPq, 2004.

SANTIAGO, Silviano. Roteiro para uma leitura intertextual de Ubirajara. *In*: ALENCAR, José de. *Ubirajara*. São Paulo: Ática, 1984.

SZTOMPKA, Piotr. *Sociologia da Mudança Social*. Rio de Janeiro: Civilização Brasileira, 1998.

TARDE, Gabriel. *Monadologia e Sociologia*. Petrópolis: Vozes, 2003.

THEMUDO, Tiago Seixas. *Gabriel Tarde*. Sociologia e Subjetividade. Rio de Janeiro: Relume Dumará, 2002.

TIBLE, Jean. *Marx Selvagem*. São Paulo: Annablume, 2013.

VERNANT, Jean-Pierre. A Tragédia Grega. Problemas de interpretação. *In*: MACKSEY, Richard e DONATO, Eugênio (orgs.). *A Controvérsia Estruturalista*. São Paulo: Cultrix, 1976.

VERNANT, Jean-Pierre; VIDAL-NAQUET, Pierre. *Mito e Tragédia na Grécia Antiga*. São Paulo: Duas Cidades, 1991.

VERÍSSIMO, José. *História da Literatura Brasileira*. Brasília: Edunb, 1995.

VILAÇA, Aparecida. *Comendo como Gente*. Formas do canibalismo Wari. Rio de Janeiro: Edufrj, 1992.

VIVEIROS DE CASTRO, Eduardo. Sociedades tradicionais podem servir de exemplo. Palestra e entrevista realizadas nos 90 anos da UFMG, 2017. https://www.ufmg.br/90anos/viveiros-de-castro-sociedades-tradicionais-podem-servir-de-exemplo/# Acesso em 01 maio 2023.

VIVEIROS DE CASTRO, Eduardo. *Metafísicas Canibais*. Elementos para uma antropologia pós-estrutural. São Paulo: n-1 Edições, 2015.

VIVEIROS DE CASTRO, Eduardo. O perspectivismo é a retomada da antropofagia oswaldiana em novos termos. In: SZTUTMAN, Renato (Org.). *Eduardo Viveiros de Castro*. Rio de Janeiro: Beco do Azougue, 2008.

VIVEIROS DE CASTRO, Eduardo. Equívocos da identidade. In: GONDAR, Jô e DODEBEI, Vera (org.). *O Que é Memória Social?* Rio de Janeiro: Contracapa, 2005.

VIVEIROS DE CASTRO, Eduardo. *A Inconstância da Alma Selvagem e outros ensaios de Antropologia*. São Paulo: Cosac Naify, 2002.

VIVEIROS DE CASTRO, Eduardo. Os pronomes cosmológicos e o perspectivismo ameríndio. *Mana*, Rio de Janeiro, v. 2, n. 2, p. 115-144, 1996.

ÍNDICE REMISSIVO

A

Absoluto	33, 34, 77, 137
Abolição	94, 95, 98, 99
Ab-reação	15, 43
Acadêmico	12, 63
Acaso	13, 82, 84, 114, 117, 139
Ação	14-16, 23, 25, 28-34, 36, 39, 44, 47, 52-56, 58, 60, 62, 64, 79, 81, 82, 88, 100, 104, 111, 113, 119-121, 142, 143, 150, 151, 153
Acontecimento	16, 31, 43, 84, 91, 92, 145
Afecção	16, 30, 52, 53
Afecções	25, 26, 30, 35, 42, 51, 53, 55, 60, 62, 64
Afeto	16, 27, 28, 55, 123
Agência	55, 73, 141
Alceu Amoroso Lima	84, 86
Alegria	17, 31, 75, 88, 89, 102, 104, 116, 119, 127, 143, 150
Alencarina	20, 31, 33, 35, 78, 81, 83, 86, 88, 96, 97, 104, 116, 119, 132, 134, 136, 139, 143, 149
Alfred Gell	141
Alteridade	18, 31, 75, 77, 89, 92, 93, 96, 98, 101, 113-115, 117, 120, 132, 146, 148, 149, 151
América	17, 35, 36, 77, 83-86, 97, 99, 124, 131, 132, 140, 143, 150
Ameríndio	14, 37, 60, 93, 97, 115, 130, 132-136, 138, 140, 141, 144-146, 149, 155
Análises	11, 17, 31, 78, 132, 139
Angústia	45-48, 50, 51
Animal	85, 116-118, 127, 140, 141
Anomia	105, 110, 112
Anti-Édipo	22, 36, 37, 50, 67, 72, 100, 125, 127

Antropofágico	148
Antropologia	11, 12, 17, 21, 22, 25, 36, 38, 63, 65, 66, 68, 69, 71, 100, 103, 118, 124, 127, 131, 132, 138, 140-143, 150, 152, 154, 155
Arché	14, 77, 90, 149
Ars	23, 55, 57, 64
Arquivo	150
Arte	11, 15, 18-22, 27, 30, 37, 39, 48, 52, 56-60, 65, 67, 69, 70, 78, 90, 130, 141, 143, 150, 153
Axel Honneth	121

B

Bárbaro	143
Bartleby	37, 47-49, 71, 72
Bélico	137, 146
Brasil	36, 44, 65, 72, 76-79, 82, 93, 94, 97, 98, 102, 103, 106, 107, 125, 130, 153
Bricolagem	31, 75, 76, 87
Bricoleur	61, 76, 150
Bruno Latour	61, 70, 141
Bugre	115, 116

C

Cálculo	52
Campo social	120
Capital	25, 52, 64, 78, 112, 126
Capitalismo	27, 36, 38, 50, 52, 65, 67, 73, 100, 112, 125, 128, 152
Civilização	36, 67, 84, 85, 102, 125, 126, 154
Classe	25, 30, 32, 57, 63, 108, 110, 126
Claude Lévi-Strauss	101
Clivado	28, 31, 48,50, 57,59, 123
Comensalidade	141

Conhecimento	35, 39, 52, 54, 56, 59, 62, 76, 92, 107, 131, 133, 134, 149
Consciência	28, 31, 32, 42, 49, 60, 61, 63, 97, 111, 122, 126, 140
Consciência de classe	32, 126
Conservador	78, 81, 94, 96, 104
Cosmogonia	75, 83, 85, 88, 97, 109
Cosmologia	31, 34, 131, 132, 135, 136, 138, 140, 141, 150
Coragem	146, 148
Corpo	39, 49, 50, 58, 84, 99, 141, 142, 147, 148
Criar	35, 42, 58, 104, 106, 150
Criação	31, 32, 50, 56, 58, 59, 83, 84, 86, 87, 90, 102, 142, 150
Criatividade	48, 50, 53, 56, 59, 67, 88, 96, 121, 125, 142, 143
Crítica	32, 39, 48, 58, 61, 63, 65, 67, 69, 72, 78, 81, 93, 99, 100, 102-104, 110, 121, 126, 134, 143, 151
Cultura	25, 27, 29, 35, 41, 43, 44, 51, 54, 56, 59, 61, 68, 72, 73, 76, 79, 82, 111, 113, 125, 131, 133, 134, 140, 142, 143

D

Darcy Ribeiro	75, 78, 96, 101, 102
Derrida	34, 40, 61, 67, 68, 76, 77, 83, 87, 89-92, 96, 100-102, 122, 123, 125
Desejo	25-28, 42, 45, 59, 64, 69, 105, 108, 110, 146
Desconstrução	50, 68, 78, 91, 97, 101, 102
Desigualdade	40, 53, 108, 109, 134, 143
Desterritorialização	25, 30, 31
Devir	30-34, 48, 51, 54, 56, 58, 77, 81, 83, 86-90, 92, 93, 96, 98, 105, 115, 116, 118, 119, 122, 132, 134, 136, 137, 139
Diferença	31-34, 40, 53, 59, 60, 63, 77, 80, 81, 84, 87-93, 95-99, 102, 105, 110, 114, 117, 121, 122, 130, 132-134, 137-143, 145, 146, 148-152

Diferenciação	30, 33, 87, 98, 141
Diferenciante	31, 75, 80, 87, 96, 98, 114, 132
Disjunção	105, 120
Disjuntiva	33, 105, 122
Dominação	25, 28, 29, 33, 43, 48, 64, 65, 98, 106, 119, 124, 136, 142, 143
Dinâmica	25, 26, 29, 33, 36, 40, 42, 47-51, 55, 62, 64, 77, 92, 103, 105, 107, 110, 112, 114, 120-124, 149
Dinâmica social	26, 36, 55, 64, 103, 107, 110, 124

E

Economia	56, 66, 73, 115, 126
Edmond Leach	26
Eduardo Viveiros de Castro	38, 155
Efeito Gluckman	29
Émile Durkheim	40, 111
Emoções	25-28, 42, 43, 47, 51, 53, 60, 64, 121
Encontro	119, 145
Escravo	107, 149
Escravidão	32, 93-98, 101, 106, 109, 125, 127
Espaço	26, 42, 50, 83, 90, 92, 143
Esperança	31, 32, 75, 78, 79, 82, 85, 88, 119, 150, 151
Espinosa	34, 42, 54, 60, 64, 68, 89, 100, 104, 125, 129, 152
Esquema poiético	55, 56
Esquizo	29, 30, 42, 48, 50, 51
Esquizoide	30, 31, 50, 57
Estado	44, 45, 47, 66, 73, 79, 83, 96, 98, 112, 117, 135, 138, 139, 143, 152
Estruturas	25, 26, 28, 29, 39, 42, 43, 46, 47, 49-51, 53, 55, 60, 63, 64, 106, 112, 119, 144
Estruturalismo	70, 91, 100, 112, 126, 132, 135, 138
Etnográfico	73
Etnografia	62, 118, 131

Ética	27, 31, 34, 36, 38, 68, 73, 75, 77, 88, 92, 93, 98, 100, 111, 119, 125-128, 130, 139, 140, 142, 149, 150
Experimentar	32, 35, 123
Exploração	25, 52, 95, 98, 106, 112, 114

F

Félix Guattari	50, 72
Família	46, 85, 124
Filosofia	27, 30, 34, 36, 37, 39, 40, 52, 54, 56, 57, 60, 61, 65-67, 70-73, 76, 99, 101-103, 122, 125, 127, 130, 131, 138, 143, 152
Força criativa	56, 123
Foucault	32, 41, 52, 55, 59, 61, 68, 69, 79-82, 96, 100, 106, 108, 113, 123, 126
Freud	43, 68, 126
Fluxo	77, 80, 83, 85, 87, 90, 91, 112, 119, 136-139
Functivo	30
Futuro	31, 32, 71, 75, 78, 80-82, 85, 95, 97, 98, 137, 139, 145, 150
Futuração	96

G

Gilles Deleuze	100, 102, 129
Gosto	70
Grupo	60, 61, 108, 123, 136, 144, 147

H

Habitus	28,31, 42, 48-50, 55, 57, 59, 70, 123
Habitus clivado	28, 31, 48, 50, 57, 59, 123
Hegel	40, 69, 122
Hermenêutica	76
Herói	133, 137, 147, 150
Histerese	28-30, 49, 50, 55, 56, 112, 123

História	29, 32, 33, 37, 51, 54, 55, 62, 66, 73, 76, 79-82, 84, 86, 97, 99, 101, 111, 116, 119, 126, 130, 133, 138, 143, 150, 152-154
Historiador	81, 97, 102, 106, 153
Honra	130, 133, 137, 146, 149
Honrarias	44, 136, 145
Honrado	146, 148

I

Ideia	37, 41, 53, 54, 59, 62, 80, 83, 87, 100, 122, 135, 136, 138, 140, 150, 154
Ideologia	51, 78, 101
Imanência	31, 59, 83, 136, 137, 148
Indivíduo	29, 31, 33, 41, 42, 47, 49, 51, 53, 54, 68, 82, 120, 123
Individualismo	44, 54, 56
Inconsciente	42, 46, 55
Infinito	31, 83, 92, 101, 148
Intelectual	27, 39, 61, 78, 111, 127, 134, 137, 143
Interpretação	60, 61, 73, 102, 154
Interesse	26, 94, 118
Investimento	110
Irracional	62, 143

J

José de Alencar	35, 36, 75, 89, 98, 99, 101, 102, 129, 151, 153

K

Kant	54
Kantiano	33
Karl Marx	112
Karl Manheim	78

L

Lewis Morgan	134
Lei	33, 34, 94, 98, 100, 106
Liberdade	31, 37, 48, 55, 70, 81, 83, 95, 109, 111, 118, 121, 143, 147
Linguagem	42, 87, 91, 140
Linhas de fuga	50, 52, 59, 92, 117, 137
Luta	25, 32, 33, 82, 101, 110, 123, 126, 137, 151

M

Machado de Assis	28, 35, 39, 40, 44, 45, 50, 52, 64, 70, 71, 73
Machadiano	39, 40
Máquina	27, 44, 98
Marcelo Peloggio	35, 36, 75, 124, 130
Marxismo	54, 56, 137
Matemática	27, 144, 151
Mauss	40, 42, 44, 68, 69, 71, 105, 127
Max Weber	54, 72
Michel Foucault	68
Micropolítica	64, 69
Mito	77, 85, 124, 154
Mitopoiésis	85, 97
Mitologia	76, 138
Modos	47, 48, 50, 52, 134
Molecular	27, 59, 71
Moral	61, 65, 66, 71, 73, 85, 90, 94, 101, 113, 122, 126, 130
Mudança	25, 26, 28, 30, 33, 43, 48-50, 52, 60, 64, 66, 83, 122, 123, 138, 141, 142, 145, 154
Mudança social	49, 64, 66, 154
Múltiplo	34, 51, 138
Multiplicidade	29, 60, 81, 86, 114, 149

N

Nação	78, 93, 98, 130, 137, 139, 145, 149, 154
Nacionalismo	132, 133
Natureza	25, 27, 34, 40, 43, 52, 61, 67, 76, 83, 90, 93, 105, 110, 113, 116, 140, 143, 153
Necessidade	32, 60, 62, 79, 88, 97, 98, 117, 133, 134, 137
Necessário	42, 56, 63, 78, 89, 93, 106, 134, 141
Nietzsche	29, 30, 34, 37, 54, 58-60, 65, 67, 69, 71, 75, 79, 81, 83, 88, 89, 93, 99, 101, 102, 111, 123-125, 129, 142, 150, 152, 153
Niilismo	50, 56, 75, 79, 96, 102, 122, 136
Nômade	34, 102, 135
Nuer	125

O

Ontologia	31, 34, 53, 75, 80, 83, 142, 150
Opressão	81, 95, 103, 108, 119, 127

P

Paixão	44
Pathós	88
Pensamento selvagem	27, 34, 37, 61, 70, 76, 86, 93, 101, 116, 126, 132, 136, 138, 139, 144, 153
Perspectivismo	35, 37, 38, 60, 93, 115, 132, 140, 141, 155
Pierre Bourdieu	69, 70, 72
Poiésis	77
Política	25, 28, 31, 35, 37, 52, 56, 61, 64, 65, 68, 72, 78, 82, 92, 93, 96, 98, 102, 113, 126, 127, 130, 135, 142, 149, 151
Potência	27, 29, 32, 33, 35, 40, 58, 75, 82, 87-89, 121, 136
Povo	76, 81, 82, 95, 102, 125, 133, 140, 145, 150
Povo por vir	82, 150
Práxis	42

Prática	31, 32, 40, 42, 44, 49, 51, 61, 70, 73, 96, 98, 106, 113, 114, 122, 136, 138, 142, 144, 152
Produção	51, 53, 56-59, 61, 64, 93, 106, 107, 112, 113, 116, 131, 134, 138, 143, 146
Propriedade	32, 94, 135

R

Racionalidade	27, 28, 51, 52, 62-64, 70, 72, 105, 111, 133, 134, 139, 151
Racionalismo	27, 30, 52, 53, 58-61, 67, 78, 81, 111
Racionalista	32, 33, 52, 54, 60, 61, 63, 76, 79, 105, 111, 121, 122, 143
Raça	36, 57, 77, 85, 99, 124, 148
Razão	33, 52, 53, 55, 59, 62-65, 70, 71, 80, 81, 105, 113, 122, 142
Reconhecimento	28, 29, 32, 33, 36, 49, 79, 101, 103, 106, 110, 121, 126, 148
Reflexividade	27, 28, 30, 37, 41, 42, 46, 51, 54, 55, 58, 60, 64, 70, 80, 123
Realidade	35, 40, 41, 50, 54, 56, 58, 60, 62, 64, 66, 75, 77, 79, 82, 88, 91, 104, 106, 112, 116, 122, 123, 142, 143
Regime	106
Revolução	59, 69, 71, 80, 95, 112
Rito	145

S

Selvagem	27, 34, 37, 38, 61, 70, 73, 76, 86, 93, 101, 102, 116, 124, 126, 128, 132, 134-139, 144, 147, 148, 153-155
Ser	26, 27, 29, 31, 33, 35, 37, 39, 40, 43, 47, 49, 54, 57, 58, 61, 64, 69, 73, 75-80, 82, 98, 103, 106, 108, 112, 114, 116, 118, 119, 121, 124, 129, 131, 134, 136, 142, 144, 146, 148, 151
Senhor	108, 135, 145, 149

Significado	43, 45, 47, 88, 90, 91, 112, 120, 136, 146
Significante	77, 90, 91, 120
Signo	46, 67, 100
Síntese	28, 33, 34, 39, 46, 75, 81, 105, 122, 137, 149
Síntese sociológica	28
Sistema	25, 28, 32, 40, 42, 44, 47, 49, 53, 56, 59, 64, 67, 71, 77, 80, 84, 87, 88, 90-92, 95, 103, 105, 108, 110, 113, 115, 117, 118, 120, 121, 136, 142, 146, 148, 151
Sociedade	25-27, 29, 32, 44, 47, 51, 58, 62, 66, 70, 73, 84, 94, 95, 99, 102, 104, 105, 107, 111, 114, 120, 124, 126, 133, 134, 139, 143, 145, 148, 150, 153
Sociologia	26, 28, 33, 36, 37, 39, 54, 56, 58, 61, 62, 66, 71, 73, 103, 111, 127, 128, 131, 142, 146, 154
Social	25, 37, 39-60, 62,68, 70, 71, 73, 75, 77,80, 82, 84, 85, 90, 96, 98, 103, 105, 107, 114, 116, 118, 120, 131, 134, 136, 137, 140, 143, 146, 149, 155
Socialização	42, 57
Substância	53, 149

T

Tarde, Gabriel	37, 73, 154
Teoria	25, 27, 28, 31, 35, 37, 39, 49, 52, 54, 55, 59, 61, 63, 66, 67, 69, 70, 72, 73, 79, 82, 91, 97, 99, 101, 103, 106, 113, 122, 127, 130, 131, 137, 138, 142, 150, 151, 153
Teoria da ação	34, 113
Teoria social	25, 27, 28, 31, 34, 35, 37, 39, 52, 54, 55, 59, 60, 63, 66, 73, 79, 82, 103, 105, 130, 137, 151
Teoria sociológica	70, 99
Til	32, 33, 103, 104, 106 ,108, 110, 115, 117, 124, 127
Trabalho	25, 35, 39, 52, 61, 83, 86, 94, 97, 98, 103, 107, 110, 111, 125, 129, 131, 141, 144

Tradição	28, 33, 34, 45, 46, 51, 54, 59, 60, 63, 83, 89, 91, 103, 104, 107, 121, 129, 130, 136, 138, 140, 144, 150
Tragédia	73, 101, 102, 146, 149, 153, 154
Transformação	25, 29, 31, 33, 34, 42, 43, 49, 50, 55, 56, 58 ,60, 63, 64, 75, 81, 90, 93, 95, 97, 106, 110, 112, 114, 118, 121, 123, 140, 142, 143, 146, 150
Tristeza	51, 88, 89
Troca	71, 120, 146

U

Ubirajara	34, 98, 115, 130, 133, 137, 138, 144, 146, 149, 151, 154
Univocidade	34, 86
Utopia	32, 77, 78, 81, 101, 102, 124
Uno	80, 138

V

Vazio	26, 40, 51, 54, 58, 62, 68, 71, 77, 79, 85, 88, 89, 105, 116, 120, 126, 131, 133, 136, 143
Velocidade	45, 48, 51, 90, 92
Verdade	80
Vida	27, 29, 31, 33, 37, 41, 42, 45, 47, 49, 52, 54, 58, 59, 64, 66, 67, 72, 75, 79, 81-84, 86, 88, 89, 92, 96, 98, 103, 104, 108, 117, 119, 123, 125, 130, 136, 141, 143, 145, 150, 151, 153

W

Weber	27, 38, 52, 54, 55, 72, 73, 110, 111, 128
Weltanschauung	52, 54, 111, 144